_____ 님

말은 타고나는 것이 아니라 길러지는 것이다.
당신을 응원합니다!!

_____ 드림

스피치의 재발견

벗겨봐

—— 말 한마디가 인생을 바꾼다!

김병석 지음

모아북스
MOABOOKS

스피치의 재발견

벗겨봐

김병석 지음

모아북스
MOABOOKS

대한민국 농촌진흥청 산하 도농업기술원과 시군농업기술센터에는 약 4,600여 명의 농촌 지도 공무원이 일하고 있다.

'농업은 생명, 농촌은 미래' 라는 기치 아래 농업기술 연구, 개발, 보급과 교육 훈련을 담당하는 인재들이다. 이 중심에 안정적인 식량 공급과 농식품 산업의 경쟁력을 높이고, 국민의 삶의 질 향상을 위해 최일선에서 발로 뛰는 직렬이 있다. 바로 농촌지도사다.

농촌지도사의 상호 간 호칭은 '선생님' 이다. 새로운 기술 전파와 정보 교류를 통해 농업인을 지도하고 가르치는 것이 주된 임무이기에 붙여졌다. 수요자가 원하면 논두렁, 회의실, 대강당 등 장소를 가리지 않고 어디든 찾아간다. 눈높이를 맞추고 이해하기 쉽도록 정보를 전달하고자 애쓴다.

어떤 것에 대해 잘 아는 것과 누군가를 가르치는 것은 전혀 별개의 문제이다. 백 가지를 알고 있어도 단 한 가지도 설명하지 못한다면 소용없는 일이다. 반대로 한 가지라도 정확하게 알고 상대방을 이해시킬 수 있다면 그걸로 충분하다. '어떻게 하면 쉽게 가르칠 수 있을까?' 는 모든 농촌지도사의 화두다.

누구보다 농촌지도사의 고충을 잘 헤아리는 저자는 '내가 지금 알고 있는 것을 그들도 알았으면' 하는 마음을 오래전부터 품었다고 한다. 그 바람을 담아 이 책을 엮었다. 농촌지도사들이 평소 가졌을 법한 질문에 속시원한 답을 주고픈 선배이자 동료의 진심이라고 생각해도 좋겠다. 저자역시 지난날 겪었던 막연한 두려움을 기억하기에 누구보다도 절실한 심정으로 썼으리라. 상대방을 사로잡는 말하기를 익힐 수 있도록 사소하지만 주옥같은 조언이 책 곳곳에 숨어 있다.

저자 스스로가 현장에서 부딪치며 차근차근 극복해가는 과정을 가감없이 풀어내 참신하고 설득력이 있다. '대한민국 명강사 230호' 인 저자의 25년간의 현장 경험과 노하우가 오롯이 녹아 있어 내용 또한 충실하다. '말하기의 교과서' 로 삼아도 손색없는 수준이다.

책에서 이끄는 대로 하나씩 연습하다 보면 어느새 비약적으로 발전한자신과 마주하게 될 것이다. 말하기에 관심 있는 공무원이라면 가까이 두고 틈날 때마다 펼쳐보아도 유익한 책이다.

김동훈 농촌진흥청 대변인

바다는 생명의 근원이자 인류 문명 교류의 장이며 무한 자원의 보고입니다. 30여 년 강단에서 학생들을 가르치다 보니 대학생은 무엇이든 될 수 있는 원석이라 생각됩니다. 그야말로 무한 자원의 보고이지요. 시끌벅적하게 떠들고 캠퍼스를 누비며 젊음을 만끽하는 학생들을 보며 한 가지 아쉬운 점이 있습니다.

체격은 커졌지만 체력은 약해졌습니다. 정보는 많아졌는데 활용 능력은 저하되었습니다. 제가 신입생때 외치던 '우리는 하나다' 는 공허한 메아리가 되어 '나' 를 중심으로 세상이 돌아갑니다. 얼굴을 맞대고 있으면서도 서로 핸드폰으로 소통하는 디지털 감옥에 갇혀 살고 있습니다.

근본적인 원인은 바로 '대화의 상실' 이라 생각합니다. 핵가족을 넘어 나노 핵가족이라 할 수 있는 혼밥, 혼술, 혼공의 시대를 보면 많이 아쉽습니다. 소통과 공감의 근본은 말일진데, 시대의 흐름은 말을 디지털 속으로 가두어 갑니다. 코로나가 만든 비대면 사회는 대화의 단절을 더욱 가속화시키고 있습니다.

강단에서 학생들을 보면 특히나 필체와 대화법에서 예전과 현저한 차이가 느껴집니다. 타이핑이 익숙해 필체는 엉망이 되고, 문자나 메신저가 익숙해 언어 구사 능력은 퇴보하고 있습니다.

저자는 이런 현상을 매우 안타까워했습니다. 그러면서 나비의 작은 날갯짓으로 큰 변화를 일으킬 수 있다는 확신으로 책을 쓰겠노라 했습니다. "스피치는 습관이며 화술은 노력의 산물입니다" 라는 저자의 신념을 알기에 응원하고 지지했습니다. 아주 작은 것이라 생각했던 것부터 고쳐 나가면 큰 파도가 되어 스피치가 완성됩니다. 이 책으로 인해 많은 이들이 '말하기 공포증'에서 벗어나기를 기원합니다.

한원희 국립목포해양대학교 총장

나는 오랫동안 말로 먹고 살아온 성공학 강사여서 그간 많은 스피치 관련 책을 봐왔고, 또 관련 책을 집필하기도 했지만, 이처럼 실전적인 것은 처음 본다. 나도 처음에는 대중 앞에 서면 눈앞이 캄캄했다. 그런 두려움을 극복하고 스피치의 달인이 되는 길이 여기에 있다.

김종수 김종수성공아카데미 대표

방송인은 타고난 스피치의 달인처럼 보이겠지만, 실은 피나는 연습과 무수한 경험을 쌓으면서 시나브로 실력이 늘어난 것이다. 스피치 책, 하면 따분하다고 여기겠지만 이 책은 일단 재미있다. 재미있으면 공부가 된다. 대중가요로 이야기를 풀어간 것도 독특하다.

김종석 서정대학교 교수/방송인

학문 하는 교수는 역시 스피치에 뛰어나야 그 학문을 효과적으로 전달할 수 있다. 흔히 교수의 강의는 따분하다는데, 스피치에 신경 쓰지 않기 때문이다. 이 책은 강의도 재미있게 하는 데 크게 도움이 될 것으로 보인다. '말의 고수가 사용하는 비법'은 특히 인상적이다.

전성군 농협대학교 교수

•

현대인의 스피치, 쉽게 설명하면 좋을 텐데

"말에는 반드시 상대방이 있어서 말을 주고받는 과정에서 다양한 반론과 반대 견해가 제시될 수 있다. 바로 그 반론에 의해 자신의 주장이 얼마든지 무너질 수 있다는 것을 인정해야 한다. 그 결과 더 좋은 답을 얻는다면 부끄러워할 일이 아니라 만족하고 고마워해야 할 일이다."

인간은 다양한 수단으로 커뮤니케이션을 하지만, 스피치는 그 중에서도 가장 기본적이고 중요한 수단이다. 스피치는 현대인의 필수 교양이라 할 만큼 대인관계나 사회생활에서 그 능력이 갈수록 더 중시되고 있다.

현대 조직은 예전 같은 상명하복의 문화가 크게 바뀌어 민주적 의사소통과 설득이 중요해지고, 정치는 물론이고 모든 영역에서 토론문화가 활발해짐에 따라 스피치 능력이 더욱 중요하게 요구되고 있다.

동서고금을 막론하고 사람은 누구나 말하기를 중요하게 여겨왔고, 자기 스스로도 말을 잘하고 싶어한다. '말 잘하기', '뛰어난 스피치 능력'이라고 하면 정치인이나 대중 강연 연사에 한해 생각하기 쉽지만, 사실 일반인 모두에게 절실하게 요구되는 능력이다. 학교생활에서의 토론, 입사시험이나 각종 시험에서의 인터뷰, 직장이나 관련 단체에서의 회의 발언, 하다못해 선보러 나간 자리나 데이트 할 때의 화술 등 스피치 능력을 요구하는 일은 우리 일상과 늘 함께 하고 있다. 특히 어떤 조직의 리더 역할을 수행하려면 더욱 뛰어난 말솜씨가 필요하다.

그런데도 정작 스피치 능력을 키우기 위해 고민하고 훈련하는 사람은 그리 많지 않다는 사실은 아이러니하다. 말하기 능력은 타고나 재주가 아니라 끊임없는 훈련으로 얻을 수 있는 후천적 노력의 산물이다.

고대 그리스와 로마 시대의 교육과정에서 무엇보다 수사학을 중시한 것도 훈련을 통해서만 스피치 능력을 키울 수 있다는 통찰이 작용한 까닭이다. 당시 토론 참가자는 민회나 재판정에서 절대적으로 요구되는 스피치 능력을 연마하는 데 장기간 심혈을 기울였다. 요즘 우리나라 부모들이 자녀를 명문대에 입학시키기 위해 일타강사를 찾아다니는 것 못지않게 당시 부모들은 자녀에게 최고의 수사학 선생을 붙여주기 위해 동분서주했다. 그때 각광받은 선생들이 이른바 '소피스트'들이다.

현대사회에서도 서구의 교육과정은 토론 중심으로 짜여서, 말하기 능력을 중시하는 전통이 길게 이어져온 것을 알 수 있다. 초·중·고 과정 10년 내내 이어지는 토론을 통한 말하기 훈련은 민주주의의 기반이 되는 민주시민을 길러내는 훈련이기도 하다.

논리적인 글쓰기와 말하기 능력의 중요성을 깨달은 우리나라 교육계도 교육과정에 논술을 도입하고, 각종 시험에서 면접시험 인터뷰을 중요한 변별력으로 삼게 되었다. 과거에는 요식행위로 진행되던 면접시험이 당락을 결정하는 중요한 변수가 된 것이다.

하지만 우리나라는 제도 도입 초기에는 학교 교사는 물론 사회 전반적으로 체계적인 교육과 훈련을 받은 논술 강사나 스피치 전문가가 거의 없어서 제도만 변화했을 뿐 현장에서의 혼란과 함께 실질적인 교육 성과가 거의 없었다.

글쓰기뿐 아니라 말하기도 오랫동안 체계적으로 계획하고 훈련해야 실제 토론과 연설에서 능력을 십분 발휘할 수 있다.

말하기를 통해 우리는 올바른 것과 그렇지 않은 것을 구분하고 가늠할 수 있다. 올바른 것은 말로 정당성을 증명하기가 훨씬 쉽기 때문이다. 자신의 견해가 옳다는 것을 말을 통해 입증하지 못하는 상황은 부끄러운 것이다. 그렇다고 해서 자기변명이나 자기보호가 전제되거나 전부가 되어서는 안 된다. 그래서는 대화 자체가 성립되지 않기 때문이다.

말에는 반드시 상대방이 있어서 말을 주고받는 과정에서 다양한 반론과 반대 견해가 제시될 수 있다. 바로 그 반론에 의해 자신의 주장이 얼마든지 무너질 수 있다는 것을 인정해야 한다. 그 결과 더 좋은 답을 얻는다면 부끄러워할 일이 아니라 만족하고 고마워해야 할 일이다. 르네상스 시대의 프랑스 철학자 몽테뉴는 《수상록》에서 바로 이 점을 갈파했다.

"나는 열을 올리며 토론하다가 상대방이 약해서 승리했을 때의 쾌감보다도 상대방의 올바른 논리 앞에 내가 굴복했을 때 나 자신에 대해 얻는 승리감에 훨씬 더 큰 자존심을 갖는다."

우리가 상대방과의 커뮤니케이션에서 말을 사용하는 기술 이상으로 최종적으로 표현능력을 갖추기 위한 훈련도 반드시 거쳐야 한다. 같은 내용이라도 어떻게 말하느냐에 따라 설득 효과가 전혀 다르게 나타나기 때문이다. 글과 달리 말의 특성을 고려하여 상대방의 마음을 사로잡으려면 서로 다른 청중의 성격과 연령대, 언어 관습, 현장의 예기치 못한 반응에 이르기까지 치밀하게 고려하는 작업이 필요하다. 이는 그저 열심히 준비한다고 되는 게 아니라 여러 번 반복하여 훈련해야 실전에서 자유자재로 사용할 수 있다.

●

당신은 지금 어떤 대화를 하고 있나요

"사람들은 대개 자신을 위한 충고나 온당한 비판조차도 공격적인 말로 여기며 기분 나빠하게 마련이다. 그러나 대화를 잘하는 사람이라면 자신을 비판하는 말에 곧바로 방어적으로 대응하지 않는다. 상대방에게 포용력이 부족한 사람이라는 인상을 주고, 서로 불쾌한 감정 소모로 이어지기 때문이다."

사람이 가장 모르는 대상은 바로 '자기 자신'이다. 특히 자기가 다른 사람과 어떤 식으로 대화를 하고 지내는지 모를 때가 많다. 말하기, 특히 대화는 습관의 지배를 받기 때문이다. 그 사람의 성향이 그 사람의 말하는 방식으로 표출되게 마련인데, 그것은 습관이라 좀처럼 고치기 어렵다.

세상에는 학식도 있고 참 똑똑한 사람인데 얘기를 나누다보면 기분이 나빠지는 사람이 있다. 대화중에 상대방의 말을 툭툭 잘라먹거나 분위기 파악하지 못하고 쓸데없는 말을 꺼내서 좌중을 어색하게 만드는 사람이다. 하지만 상대방이 그런 것처럼 나도 남들에게 그러고 있지는 않은지 돌아볼 일이다.

사람을 기분 나쁘게 하는 대화의 원인으로 대략 세 가지를 꼽을 수 있다.

첫째, 타이밍이 맞지 않는다. 상대방의 말을 가로채서 자기 말만 하려 드는 것이다. 대화에서 내가 말하기 가장 좋은 타이밍은 상대방이 충분히 말하고 난 다음이다.

둘째, 군말이 많다. 자기는 농담 삼아 혹은 재미삼아 한 말이라지만 이전에 상대방이 창피당한 얘기를 또 꺼내서 여러 사람의 놀림감으로 만드는 것도 쓸데없이 말이 많아서 벌어지는 참사다. 성희롱 발언도 말이 많아지면 저지르기 쉽다. 그러니까 '별 뜻 없는 말'은 가급적 삼가는 것이 좋다. 다른 사람을 무안하게 하거나 성희롱 발언을 하는 등 말실수를 해놓고 변명하는 말이 대개 '별 뜻 없었다'는 것이다. 굳이 안 해도 될 말을 해서 공연히 화를 부른 것이다.

셋째, 자기중심적으로 말한다. 상대방에게 우위를 점하려 되게 말을 기분 나쁘게 한다. 가령, 등산을 좋아하는 친구가 지난 주말에 북한산 등산을 다녀왔다고 하자 "야~ 그것도 산이냐? 난 설악산 다녀왔는데" 하는 식이다.

살다보면 다양한 사람과 대화를 하게 되는데, 항상 좋은 말만 주고받을 수는 없는 법이다. 내가 다른 사람 기분 나쁘지 않게 말하는 것은 노력하면 될 일이지만, 다른 사람의 말이 나를 기분 나쁘게 하거나 화나게 하면 어떻게 할 것인가? 이런 상황에 잘 대처해야 진정으로 말 잘하는 사람이라고 할 수 있다.

사람들은 대개 자신을 위한 충고나 온당한 비판조차도 공격적인 말로 여기며 기분 나빠한다. 그러나 대화를 잘하는 사람이라면 자신을 비판하는 말에 곧바로 방어적으로 대응하지 않는다. 곧바로 방어적인 태도를 보이면 상대방에게 포용력이 부족한 사람이라는 인상을 주고, 서로 불쾌한 감정 소모로 이어지기 때문이다.

이런 경우에는 충동적인 말을 억제하고 오히려 상대방에게 질문을 하는 것이 좋다. 자기도 몰랐던 나쁜 말 습관을 지적해준 것을 인정하고 그 지적이 어떤 뜻인지를 먼저 헤아려야 한다. 물론 무작정 고개만 끄덕이는 것보다는 상대방의 말을 충분히 듣고 인정하되 납득할 수 없는 부분은 좀 더 조리 있게 얘기하는 것이 좋다.

상대방이 말하는 중에 기분 나쁘다고 해서 "나도 아는 얘기니 그만합시다!" 라든지, "잘난 척 좀 하지 맙시다!" 라는 식으로, 상대방의 말을 자르고 방어적으로 반응하게 되면 본인에게 보약 같은 충고를 들을 기회를 놓치게 될뿐더러 상대방에게는 도무지 대화 상대가 안 된다는 부정적인 인상을 주게 된다.

더 나은 스피치를 위한 꼼꼼한 안내서

그렇다면 어떻게 해야 기분 좋은 대화를 할 수 있을까? 무엇보다 상대방이 나와 대화하는 것 자체만으로도 즐거워해야 한다. 이를 위해 나 자신부터 즐겁게 대화하는 법을 익히고 훈련해야 한다.

첫째, 마음을 열고 즐겁게 듣는다. 사람은 누구나 '말을 잘하는 사람' 보다는 '말을 잘 들어주는 사람' 을 좋아한다.

둘째, 맞장구를 쳐준다. 사람은 상대방이 아무 반응이 없으면, 자기 얘기를 정말 잘 알아들었는지 의구심을 갖는다. "정말? 그다음은 어떻게 됐어?" 이렇게 대화의 흥을 돋우는 맞장구를 쳐주면 상대방의 기분이 좋아진다.

셋째, 잘못은 바로 지적하지 않는다. 말을 하는 도중에 잘못을 지적하면 기분이 나빠지기 쉽다. 가급적 상대방의 이야기가 끝나기를 기다렸다가 한 번 더 생각해본 후에 천천히 되물어 스스로 깨닫게 하는 것이 좋다.

넷째, 상대방의 이야기를 이끌어내는 질문을 한다. 상대방이 말수가 적은 사람이라면 "주말마다 산에 가시나 봐요?" 보다는 "주말마다 산에 가시나본데, 지금껏 가보신 산 중에 어디가 제일 좋아요?" 가 좋다. 이후 대화를 자연스럽게 이어갈 수 있기 때문이다. 말수가 아무리 적은 사람도 자기 관심사에 대해 물어주면 봇물 터지듯 말문이 트인다.

그리고 타이밍에 맞게 적절하게 끼어드는 것도 중요하다. 대화 중에 다른 생각이 나면 "잠깐, 얘기 끊어서 미안해"라고 양해를 구한 뒤에 다른 생각을 간명하게 얘기한다. 또 상대방의 얘기 가운데 모호한 부분은 질문하고, 자기 의견을 덧붙이면 이야기가 새롭게 전개될 수 있다.

이미 다른 사람들이 대화하고 있는 자리에 새롭게 참여할 때는 대화의 주제와, 함께 참여해도 되는지를 먼저 묻는 것이 예의다. 이럴 때는 모두가 참여할 수 있는 주제를 꺼내야 한다. 서로 듣고 나쁜 감정을 유발하거나 건전한 대화의 흐름을 깨뜨리는 논란거리를 대화의 주제로 꺼내면 안 된다.

더 나은 스피치를 위한 꼼꼼한 안내서

·

어떻게 말하면 상대방을 사로잡을 수 있을까?

"사람들은 다른 사람과 대화를 하기 이전에 이미 자신의 내면과 스스로 대화를 나눈다. 그리고 다른 누구의 말보다 자기 내면의 커뮤니케이션을 믿는다. 모든 사람이 자신의 개성을 중요하게 생각할수록 다른 사람을 이해하고 다른 사람의 가치관을 인정할 수 있는 마음가짐이 필요하다."

마음에 와닿는 말이 상대방의 마음을 사로잡는 말이다. 청산유수로 말을 능란하게 한다고 해서 마음에 와닿지는 않는다. 좀 어눌하더라도 진솔하고 핵심을 찌르는 말이 마음을 여는 법이다.

우리는 누구나 어떤 상황에서든지 진실하고 신뢰할 수 있는 인간관계를 맺고 싶어한다. 그러려면 무엇보다 먼저 상대방의 말을 잘 들어야 한다. 상대방이 기분 좋은 이야기를 꺼냈을 때는 상대방의 기쁜 마음을 자기 마음인 듯 받아들이고 기쁜 감정을 더욱 이끌어낼 수 있어야 한다. 그 비결은 상대방의 기쁨 에너지를 제대로 포착하여 그대로 상대방에게 알려주는 것이다. '기쁜 이야기를 들으니 나도 더불어 기쁘다' 는 메시지를 확실히 전해주는 것이다.

사람들은 다른 사람과 대화를 하기 이전에 이미 자신의 내면과 스스로 대화를 나눈다. 그리고 다른 누구의 말보다 자기 내면의 커뮤니케이션을 믿는다. 모든 사람이 자신의 개성을 중요하게 생각할수록 다른 사람을 이해하고 다른 사람의 가치관을 인정할 수 있는 마음가짐이 필요하다.

첫째, 대화의 본래 목적을 잊지 않아야 한다. 대화는 인간관계를 유지하는 기본 행위다. 대화의 본래 목적은 자신의 정당함을 상대방에게 납득시키려는 것이 아니라 상대방과 화해하고 우호적인 관계로 돌아가려는 것이다. 대개 일상의 대화는 목적을 상실하기 때문에 각자가 원하는 것을 얻을 수 없다. 그러므로 무엇보다 인간관계에서의 대화는 목적을 확실히 하고, 그 목적에 맞는 대화를 해야 한다.

둘째, 대화의 기본은 공감대 형성에 있다. 대화를 통해 서로의 마음을 연결하고 공감대를 넓혀가는 것이다. 공감대를 넓히려면 자기가 이해받으려 하기보다는 상대방을 이해하는 것이 먼저다. 대화에서는 '자신' 과 '상대방' 그리고 '상대방과의 관계', 이 세 가지가 모두 존중될 때 비로소 공감대를 넓힐 수 있다.

셋째, 가장 좋은 대화 수단은 상대방의 말에 맞장구를 치는 것이다. 누군가와 대화할 때 말의 내용보다는 그때의 표정이나 행위, 분위기가 훨씬 많은 것을 말해준다. 그중에서도 시선과 표정은 가장 큰 영향력을 갖는다. 다시 말해, 상대방은 내가 대꾸하는 말 자체보다는 내가 보이는 태도로 판단하는 경향이 크다. 그런 의미에서 맞장구는 긍정적으로 작용한다. 듣는 사람의 긍정적인 태도가 맞장구로써 말하는 사람에게 전달되는 것이다.

•

이제부터 말하는 방식이 달라진다

"이 책에서 알려주는 말 잘하는 방법은 단 하나다. 머리가 아닌 입으로 연습하기. 입으로 직접 말하는 실천이다. 아무리 좋은 방법도 입으로 연습하지 않으면 화술은 절대 늘지 않는다. 머릿속이나 눈으로만 읽고 마는 것은 '말'이 아니라 '생각'일 뿐이다."

인간은 평생 수없이 많은 말을 하며 살아간다. 기본적인 의사표현부터 선생님의 수업과 학생의 질문, 취업을 위한 면접, 가슴 떨리는 사랑 고백, 나를 알리기 위한 자기소개, 실적을 위한 영업 안내, CEO의 인사말, 심지어 술자리의 건배사까지.

내 인생의 중요한 순간에는 항상 말이 필요하다. 그러나 중요한 발표, 면접 등 대중 앞에서 말을 해야 하는 순간 많은 사람은 두려움을 느낀다.

"나는 원래 말을 잘못해요. 안 할래요."

못 해서 안 하는 게 아니라 안 해서 못 하는 것이다. 말을 못 한다고 언제까지나 물러나 있을 것인가? 스피치는 습관이고 화술은 노력의 산물이다. 음치를 극복하려면 노래를 많이 불러야 한다. 몸치를 극복하려면 춤을 많이 춰야 한다. 스피치를 극복하려면? 당연하게도 말하는 연습을 많이 해야 한다.

이 책에서 알려주는 말 잘하는 방법은 단 하나다. 머리가 아닌 입으로 연습하기. 입으로 직접 말하는 실천이다. 아무리 좋은 방법도 입으로 연습하지 않으면 화술은 절대 늘지 않는다. 머릿속이나 눈으로만 읽고 마는 것은 '말' 이 아니라 '생각' 일 뿐이다.

학생들에게 존경하는 인물을 물어보면 대개 세종대왕, 김구 선생, 이순신 장군을 꼽지만 나는 말하기의 달인 서희를 꼽는다. 고려의 문신 서희는 무력이 아닌 말로써 거란의 80만 대군을 물리친 위대한 협상가다. 그는 세 치 혀로 담판을 지어 강동 6주를 얻음으로써 천하에 크게 이름을 떨쳤다.

서희는 어떻게 거란군의 사령관 소손녕을 설득했을까? 소손녕은 서희의 말에 매료된 것이다. 나 역시 그런 서희의 말에 매료되어 지도사가 되고, 스피치를 공부하고, 책 출간까지 하게 되었다. 실로 엄청난 나비효과다.

누구나 말을 잘하고 싶다. 그러나 안타깝게도 이 사회는 말을 점점 더 못하게 하는 환경으로 변하고 있다. '콜포비아(Call Phobia)'가 대표적이다. 문자, 카톡, 페이스북, 트위터, 밴드 등 수많은 메신저와 SNS에 익숙해진 우리는 직접 말하는 대화와 전화 통화에서 갈수록 멀어지고 있으니, 말을 할 기회도 그만큼 줄어들고 있다. 스마트폰은 빠르고 편리한 삶을 선물한 대신 우리에게서 대화를 빼앗아 간다.

더욱이 코로나 사태가 초래한 비대면 사회는 직접 만나서 상호 간 교감, 공감, 소통하는 기회를 점점 빼앗아가고 있다. 대화가 사라지고 있다. 빠르게 발전하는 디지털 시대는 역설적으로 아날로그 시대를 그리워하게 한다. 이제야 사람 간의 대화가 얼마나 소중한지를 깨닫게 하는 것이다.

그러니, 더 늦기 전에 말하기 연습을 시작해야 한다. 말하기 연습은 노력한 만큼 성과로 나타난다. 출퇴근하는 시간을 활용해서 연습해도 충분하다. 말 잘하는 사람을 부러워만 할 게 아니라 그 부러움의 대상을 나로 만드는 건 어떨까. 말의 힘이 무력보다 강하다는 건 일찍이 서희가 보여주었지만, 다른 역사에서도 숱한 사례가 있다.

선수로 대성한 스포츠 스타가 감독으로 성공하기 어렵다는 속설이 있는데, 얼마쯤은 일리가 있는 말이다. 부족한 것 없는 완성형 선수로만 지냈으니 부족한 것 많은 선수의 심정을 살피기 어려울뿐더러 지도 방식에서도 눈높이를 맞추기 힘들기 때문이다.

다른 분야도 마찬가지다. 방송인 출신의 전문가보다는 나 같은 비전문가 출신이 다른 사람을 지도하는 데는 더 전문가일 수 있다. 나는 스피치를 두려워하는 수많은 이의 입장을 누구보다 잘 알고 그 과정을 직접 겪으며 명강사가 되었다. 비전문가라는 약점을 나만의 특화된 강점으로 생각하고 노력한 것이다.

아주 작고 사소한 것 하나를 바로잡으면 실타래 풀리듯 말이 풀려나가는 경험을 몸으로 체득했다. 단순히 몇 가지 멘트를 외워 웅변하듯 하는 방법을 지양한다. 사소한 것을 바로잡으면 기초가 확고해진다. 막상 연습해보면 "이게 뭐야? 이런 연습이 도움이 된다고?" 하는 의구심이 생기지만, 어느 순간 비약적으로 발전한다.

말을 별 것 아니라고 여겨 함부로 내뱉어서는 안 된다. 말을 말답게 하면 한마디 한마디가 별이 되어 빛난다. 빛나는 말 한마디는 내 인생을 확 바꿀 수 있다. 꿈과 목표가 생기면 계획이 생긴다. 계획에 따라 연습하면 분명한 성과가 따라온다. 목표가 없는 꿈은

망상이다. 망상은 계획이 없다. 계획 없는 연습은 노력이 아니라 노동이다.

"말 잘하는 사람이 되겠다."

목표를 정하고 계획을 세워 노력하면 누구나 이룰 수 있는 꿈이다. 여러분이 이 책을 읽고 있다면, 이제부터 말하는 방식이 달라질 것이다.

저자 김병석

"이 책은 여섯 개의 인피니티 스톤의 '능력'을 믿고 구성했다. 누구나 모든 것을 알게 되는 '소울 스톤'을 얻을 수 있다. 여러분은 누구나 가슴속에 이미 여섯 개의 스톤을 가지고 있기 때문이다. 다만 그 사용법을 아직 익히지 못했을 뿐이다."

영화 〈아이언맨〉은 마블 스튜디오의 거대한 시작을 알리는 서막이었다. 〈아이언맨〉부터 〈어벤저스 엔드게임〉까지 22편의 영화는 한국에서만 1억 2,000만 명의 누적 관객 수를 남겼다. 대단원의 마무리 〈어벤저스 엔드게임〉 한 편으로만 1,393만 명의 관객을 모았다.

"창조 이전에 6개의 특이점이 존재했다. 그후 우주가 폭발해 존재하게 되었고, 그 잔재들이 응축된 덩어리로 만들어졌다. 그것이 인피니티 스톤이지."

영화를 이끌어가는 주요 모티브인 '인피니티 스톤'에 대한 설명이다. 6개의 인피니티 스톤은 마음을 조종하는 '마인드 스톤', 공간을 지배하는 '스페이스 스톤', 현실과 가상을 주관하는 '리얼리티 스톤', 힘과 파괴력의 '파워 스톤', 시간을 관장하는 '타임 스톤', 모든 것을 알게 되는 '소울 스톤'이다.

말하기를 공부하고 자료를 정리하고 책을 집필하면서 문득 깨달았다. 말을 잘하려면 상대방을 대하는 태도와 마음가짐, 상황파악 능력, 부단한 연습, 적절한 어휘구사력, 타이밍 포착 능력 같은 것들이 매우 중요하다. 바로 이런 것들이 스피치 달인이 되는 데 반드시 필요한 요소다.

이 책은 여섯 개의 인피니티 스톤의 '능력'을 믿고 구성했다. 누구나 모든 것을 알게 되는 '소울 스톤'을 얻을 수 있다. 여러분은 누구나 가슴속에 이미 여섯 개의 스톤을 가지고 있기 때문이다. 다만 그 사용법을 아직 익히지 못했을 뿐이다.

1장에서는 말하기는 '마음먹기'에 달렸다는 내용을 생생한 사례를 들어 설명한다.

2장에서는 '공간을 접수하는 것'으로 무대 울렁증 극복하는 법을 일러준다. 다시 말해, 대인관계와 대화에 자신감을 갖는 법을 알려준다.

3장에서는 리허설, 즉 연습을 실전처럼 하는 법을 상세히 알려준다.

4장에서는 말하기에서 말을 시작하고 말을 이끌어가고 말을 끝내는 최적의 타이밍을 찾는 법을 알아본다.

5장에서는 상상이 현실이 되는 실전연습에 대해 알려준다. 그리고 **6장에서는** 임팩트 있는 말의 파괴력에 대해 알아보고 말하기 고수가 사용하는 말의 비법을 알려준다.

끝으로 **7장에서는** 영혼을 끌어 모아 말을 완성시키는 법을 알려준다. 감동을 주는 말의 의미와 교훈을 통해, 사고의 틀을 깨치는 어휘력에 대해 알려준다. 그리고 마지막으로 꼰대가 아닌 진정한 리더가 되기 위한 권력이 아닌 권위의 말에 대해 알아본다.

| 이 책을 반드시 읽어야 할 사람 |

인간관계에서 소극적이고 말주변이 없는 사람

남 앞에서 말하기 자체가 공포인 사람

발표를 하기 전 심장이 뛰고 불안한 사람

회의할 때 떨리거나 말이 느려지는 사람

발표할 때 스트레스를 심하게 받는 사람

발표할 때 목소리 떨림, 손 떨림, 심장 두근거림이 있는 사람

발표할 때 머릿속이 하얗게 되고 횡설수설하는 사람

면접과 중요한 시험 등을 앞두고 고민하는 사람

낯선 사람과 대화하기가 불편한 사람

전문가의 도움을 받아도 효과가 없는 사람

약물에 의존하지 않고 자신감을 되찾고 싶은 사람

대중 앞에 서서 당당하게 말하고 싶은 사람

| 차례 |

1장

마인드 스톤 - 마음먹기가 제일 어렵다

2장

스페이스 스톤 - 이 공간은 내가 접수한다

3장

첫 번째 리얼리티 스톤 - 리허설은 실전처럼

4장

타임 스톤 - 최적의 타이밍을 찾아라

5장

두 번째 리얼리티 스톤 – 상상이 현실이 되는 연습

6장

파워 스톤 – 임팩트 있는 말의 파괴력

7장

소울 스톤 - 영혼을 끌어모아 말을 완성시키다

빨 · 주 · 노 · 초 · 파 · 남 · 보, 이제 곧 무지개가 뜬다

마인드 스톤

마음먹기가
제일 어렵다

어리다고 놀리지 말아요,
수줍어서 말도 못하고 _〈소녀시대〉

• 인류의 3대 도전: 바벨탑, 우주여행, 자기소개

> "말보다 먼저 해야 할 것이 '시선 처리' 다. 자기소개를 하기 위해 대중 앞에 서면 떨리고 긴장된다. 잘해야 한다는 강박감에 마음만 조급해지고 준비한 말은 하나도 생각나지 않은 채 눈앞이 캄캄해진다. 하지만 명심하자. 사람들 앞에 섰을 때는 말이 먼저가 아니라 시선이 먼저라는 사실을."

맨날 맨날 컨디션은 퇴근하면 최상일까(이환천-왜)

매번 하는 자기소개 하고 나면 최악일까(김병석-자기소개)

내 사랑은 무단결석 말 안 하고 빠지니까(이환천-결석)

내 소개는 오리무중 뭔 말인 줄 모르니까(김병석-자기소개)

다 알면서 혹시 몰라 검색창에 쳐본다(이환천-살 빼는 법)

다 알면서 혹시 몰라 검색창에 쳐본다(김병석-자기소개)

인류의 3대 도전이 있다. 신에 도전한 바벨탑, 우주에 도전한 우주여행, 자신에 도전한 자기소개.

자기소개는 교육, 세미나, 워크숍, 소모임, 동호회 등에서 낯선 이와 처음 만났을 때 나를 참 곤혹스럽게 한다.

초두효과라는 것이 있다. 사람의 첫인상은 3초 이내에 각인되며 첫인상이 잘못되면 좋은 면까지도 거부되는 현상이다. 식상한 멘트로 나를 얼마나 알릴 수 있을까. 멘트가 식상하다. 심지어 태도와 자세도 건성이라면 더욱 잘못된 첫인상을 남기게 마련이다.

"안녕하세요? 스스로 빛나는 남자 홍길동입니다."

지인의 자기소개 문구다. 참고로 이분은 스킨헤드대머리이다. 구태의연한 자기소개 방식을 버리고 자기만의 독특한 방식으로 소개를 시작한다. 상대방은 호기심을 가지고 몰입한다. 듣는 이가 마음의 문을 열고 경청하게 된다.

생각보다 많은 사람이 자기소개 하는 것을 두려워 한다. 처음 나서는 자리에서 무슨 말을 할지, 처음 대하는 사람들 앞에서 인사는 어떻게 할지 고민한다. 그러나 멘트 몇 줄보다 더 중요한 것이 있다. 자기소개 때 의식하지 못한 채 많은 사람이 실수하는 경우가 있다. 지금 자기소개 상황을 상상해보자.

1) (고개 숙여 인사) 안녕하십니까? 홍길동입니다.

2) 안녕하십니까? (고개 숙여 인사) 홍길동입니다.

3) 안녕하십니까? 홍길동입니다. (고개 숙여 인사)

"안녕하십니까? 홍길동입니다"라는 멘트와 '고개 숙여 인사' 하는 동작은 어떻게 연결되어야 할까? 별것 아니라고 여겨 진지하게 고민해본 적이 없겠지만, 매우 중요한 문제다. 대중 앞에서 누군가 인사를 하면 대중은 응당 박수로 화답한다. 인사하는 동작이 언제 들어가느냐에 따라 대중과 호흡하는 결이 달라진다.

위 세 가지 방법 중 3)번처럼 인사 멘트를 먼저 하고 난 다음에 인사 동작을 하는 것이 가장 좋다. 여기서 중요한 포인트를 기억해야 한다.

말멘트보다 먼저 해야 할 것이 '시선 처리'다. 자기소개를 하기 위해 대중 앞에 서면 떨리고 긴장된다. 잘해야 한다는 강박감에 마음만 조급해지고 준비한 말은 하나도 생각나지 않은 채 눈앞이 캄캄해진다. 하지만 명심하자. 사람들 앞에 섰을 때는 말이 먼저가 아니라 시선이 먼저라는 사실을. 우선 대중을 전체적으로 둘러보고(시선 처리) 나서 말은 천천히 해도 된다.

조급하게 말부터 하려 들면 덤벙대게 마련이지만, 2~3초 남짓 대중과 눈을 맞춤으로써 마음의 여유가 생기고, 짧은 순간 긴장이 풀리고 두려움이 사라진다. 평생 무대 생활을 해온 가수나 대중 강연자도 무대에 오르기 직전에는 늘 떨리고 긴장된다고 한다. 그러다가 그들이 막상 무대에 올라서면 딴사람이 된 듯 조금도 떨지 않고 여유롭게 무대를 장악하는 비결도 바로 시선 처리에 있다. 대중과 눈 맞춤을 하면서 미소와 함께 여유를 찾으면서 인사 멘트를 날리는 것이다. 눈 맞춤은 짧은 순간이지만 세밀하게 나눈다면 다음 순서로 나눌 수 있다.

① 시선 ② 미소 ③ 멘트

처음엔 많이 어색하다. 당장 ① ② ③번 순서대로 하기 어렵다면, ②번은 제외해도 좋다. ① ③의 순서는 꼭 지켜야 하며, 몸이 본능으로 받아들일 때까지 수없이 반복해야 한다.

누구나 익숙지 않은 상황에는 불편해하고 거부감이 생긴다. 거부감이 커지면 두려움이 생긴다. 익숙지 않은 상황이 두려운 것은 경험해보지 못했기 때문이다. 자꾸 경험하다보면 익숙해진다. 익숙하면 거부감이 없어지고 두려움이 사라진다. 대중 앞에서 말해본 경험이 많지 않으면 누구나 두렵게 마련이다. 스릴러 영화의 대가 알프레드 히치콕은 공포에 대해 이렇게 말했다.

"폭탄이 터지는 것 자체에는 공포가 없다. 공포는 오직 폭발이 일어나리라는 '예감' 때문에 일어난다. 폭탄만 그런 게 아니다. 두렵게 생각하는 모든 공포스러운 것은 실제로 일어나는 것보다 그런 일이 일어나리라는 '예감'에서 비롯된다."

이것을 정서 예측affective forecasting이라 한다. 자신의 능력을 과소평가해서, 또는 너무 겸손해서 부정적 결과가 나올 것이라고 지레짐작하는 것이다. 말하기에서 두려움을 느끼는 것도 마찬가지다.

'사회를 보다가 더듬거려 행사를 망치면 어쩌지? 말을 잘 못하면 사람들이 날 무시할 거야. 내가 자기소개를 해도 아무도 귀 기울일 않을 텐데. 심장이 터질 것 같아서 아무 말도 못 할 것 같은데…….'

사람들은 이처럼 일어나지도 않은 일에 대해 '예감'만으로 사서 걱정하는 버릇이 있다. 무대 공포증, 말하기 공포증, 카메라 울렁증은 이런 이유로 생긴다. 정서 예측을 반대로 활용하면 그것을 극복할 수 있다.

'멋지게 행사를 진행하면 명MC라는 칭찬을 받을 거야. 사람들이 감탄의 큰 박수를 보내겠지. 누구보다도 기억에 남는 멋진 자기소개를 해야지. 심장이 두근거리는 게 은근 기대되는걸.'

같은 상황을 긍정적인 예감으로 바꾸는 것이다. 긍정적인 정서 예측이 자기 최면이다. 멘탈이 강한 사람이란 긍정적인 정서 예측을 잘하는 사람이다. 이것이 바로 무대에서 자신감으로 나타난다.

영화 〈명량〉을 보면 이순신 같은 무패의 장군도 보통사람처럼 고뇌한다. '두려움을 용기로 바꿀 수만 있다면….' 누구나 말하기를 앞두면 심장이 입으로 튀어나올 것 같이 떨리는 두려움을 느낀다.

어릴 적 소풍 가기 전날, 설레는 마음으로 잠 못 이룬 기억이 있을 것이다. 말하기에 앞서 두려움의 떨림을 소풍 가는 설렘의 떨림으로 바꾸면 된다. 두려움에서 오는 떨림이 설렘에서 오는 떨림으로 바뀌는 순간 두려움이 용기로 바뀐다. 무대에 오르기 전의 떨림을, 무대에 오르는 순간을 기다려온 설렘으로 바꾸고 나면 용기가 찾아와 두려움을 이기게 된다. 간단하다. 멘트에 앞서 대중에게 시선을 먼저 주고 말해보자. 두려움이 용기로 바뀌면서 여유가 생긴다. 대중은 '어쩜 저리도 여유 있을까' 하는 눈으로 바라보게 된다. 두려워서 떨리던 것이 자랑스럽고 뿌듯한 설렘으로 바뀐다.

말하기에 자신이 없는 사람의 특징은 두려움으로 대중을 똑바로 바라보지 못한다는 것이다. 그러니 바닥이나 맨 앞사람을 바라보고 말한다. 또 턱이 아래로 처지고, 목소리가 제대로 나오지 않는다. 이런 자세는 다 시선 처리로 극복할 수 있다.

자기소개를 할 때 멘트보다 시선을 먼저 처리하고 싶다면 시선은 어디에 둬야 할까? 50명 정도가 모인 소회의실이나 이동 중인 버스 안이라고 가정해보자.

나로부터 가장 먼 뒷줄의 사람에게 시선을 주면 된다. 뒷줄을 보게 되면 턱이 자연스럽게 들린다. 턱이 들리면 목소리가 훨씬 더잘 나온다. 멀리 있는 청중에게 시선을 주면 가까운 청중에게 시선 주기도 훨씬 쉬워진다. 나로부터 가장 멀리 있는 사람에게 말하기 위해 목소리가 커진다. 자신 없이 말하는 사람의 나쁜 습관이 다 해결된다. 먼저 시선을 확보하는 연습이 필요한 이유다.

나는 이런 질문을 많이 받는다.

"서너 명 앞에서는 말하기가 쉬운데 사람이 많아지면 무섭고 힘들어요. 많은 청중 앞에서 쉽게 말하는 방법은 무엇인가요?"

보통 사람이라면 누구나 청중이 많을수록 압박감을 느낀다. 25년 동안 수백 번의 현장 강의 경험이 있는 나는 어떨까? 사실 가장 어려운 강의는 청중이 딱 한 명만 있을 때 하는 강의다. 청중의 심리는 묘하다. 청중의 수가 많아질수록 각자 뒤로 물러서는 경향이 강해진다. 청중이 10명 안팎의 소수라면, 듣는 도중에 의문점이 있으면 누구나 주저 없이 질문을 하거나 반론을 제기한다. 그러나 청중이 수백 명이 넘는 다수라면, 웬만큼 용기가 있지 않고서는 질문을 하거나 반론을 제기하지 못한다. '누군가 나 대신 물어보겠지' 하며 서로 미루는 것이다. 강사가 궁금한 거 있으면 질문하라고 유도해도 다들 묵묵부답이다. 청중이 많을수록 말하는 것을 더욱 두려워하기 때문에 벌어지는 일이다.

2010년, 서울에서 열린 G20 정상회의 때의 일이다. 오바마 미국 대통령이 특별히 한국 기자에게 질문 시간을 할애했다. 하지만 한국 기자 중 아무도 질문하지 않아 어색한 침묵만 흘렀다. 결국 그 천금 같은 기회는 중국 기자에게 넘어가고 말았다. 이처럼 말하기 전문가라 할 수 있는 기자마저도 대규모 청중이나 대통령 같은 막강한 권위 앞에 서면 압박감 때문에 말문을 열기가 쉽지 않다. 그러니 질문 기회를 줘도 말 한마디 못 하는 것이다.

반대로 생각하면, 화자는 청중이 많을수록 말하기가 훨씬 쉬워진다. 1명에게 보낼 시선을 수백 명에게 나누어 보내면 그만큼 부담이 가벼워지기 때문이다. 그렇게 청중이 많을수록 편하다고 마음먹으면, 대규모 청중이라 할지라도 먼저 시선을 처리한 뒤 편하게 말문을 열 수 있다.

앞서 인사법 중 ③번이 가장 최선이라고 했다. 반대로 ① ② ③번 중 최악은 몇 번일까? 바로 ②번이다. 당황한 나머지 "안녕하십니까? / (고개 숙여 인사) / 홍길동입니다" 하는 식의 실수를 범하는 사람이 의외로 많다.

더 최악은 "안녕하십니까?" 멘트와 '고개 숙여 인사'를 동시에 하는 것이다. 말하기에 대한 두려움으로 정신없이 자기소개를 하면서 보이는 잘못된 행동이다.

자기소개를 할 때 남녀별로 특이한 버릇이 나타난다. 특히 여성이 보이기 쉬운 잘못된 몸짓이 있다. 발뒤꿈치를 들었다 놨다 하는 것이다. 리듬을 타듯 까치발을 반복한다. 쑥스럽고 부끄럽기 때문이다.

남성이 보이기 쉬운 잘못된 몸짓은 한 손을 바지 주머니에 넣은 채 말하는 것이다. 평소 습관이 그대로 나오는 경우다.

남녀 공통적으로 나타나는 안 좋은 버릇은 뒤통수를 만지면서 말하는 것이다. "안녕하십니까?" 하는 순간 손은 뒤통수를 만지고 있다. 자신감이 결여될 때 나타나는 행동이다. 이런 행동들이 보이면 듣는 이는 말하는 이에 대한 실망감이 크게 작용하는 초두 효과가 생긴다. 이렇게 되면 그 이후 아무리 좋은 말을 해도 청중의 뇌리에는 '저 사람은 참 말을 잘 못하는군. 저 말은 귀 기울여 들을 가치가 없어'라는 방어 본능이 작동한다. 화자가 청중에게 기선을 제압당하고 만 것이다. 말을 들을 준비가 되지 않은 청중을 향해 말하는 것은 벽에 대고 말하는 것과 다를 바 없다. 진땀나는 악순환이 시작된다.

자기소개를 하는 자기 모습을 휴대폰 동영상으로 촬영해보자. 평소 내가 하던 대로 촬영하고 위의 방법을 실천하면서 다시 한 번 촬영해보자.

"스피치는 습관이고 화술은 노력의 산물이다."

아무리 좋은 방법을 알려줘도 본인이 연습하지 않으면 내 것이 되지 않는다. 자꾸 연습해보면 익숙해진다. 익숙해지면 습관이 되고, 습관이 되면 두려움이 사라진다. 두려움이 사라지면 여유가 생기고, 여유가 생기면 말을 풀어가기가 훨씬 쉬워진다. 두려움이 사라지고 여유가 생길 때까지 연습하다 보면 스피치는 어느 순간 마법처럼 내 것이 된다.

•

내 거친 생각과 불안한 눈빛과
그걸 지켜보는 너 _⟨너를 위해⟩

• 원고 없이 말하기, 원고 보고 말하기

"준비된 원고도 제대로 보지 못하면 즉흥적으로 말하기보다 더 곤란한 상황
에 직면할 수 있다. 원고를 보고 읽다가 어느 줄까지 읽었는지 잊어버리고 당
황해하는 사람을 많이 보았다."

앞에서는 즉흥적이고 돌발적인 상황에서 말하기를 알아보았다.
여기서는 미리 준비된 말하기, 즉 원고를 보고 말하기에 대해 알
아본다. 인사말, 브리핑, 자기 소개, 사회 진행 등 미리 공지된 자
리라면 원고를 준비할 수 있다.

원고가 준비되면 즉흥적인 말하기보다 더 쉬울까?

'쓰인 대로 보고 읽는데 그게 뭐 어렵겠어' 라고 생각하기 쉽다.
TV에서 중요한 사항을 브리핑할 때 원고 읽는 모습을 유심히 관
찰해보자. 말하는 이의 얼굴이 자주 보이는지, 아니면 정수리만
자주 보이는지 살펴보는 것이다.

말하기에 어려움을 겪는 이에게 준비된 원고를 주고 앞에서 읽으라고 하면 청중을 전혀 보지 않고 원고에만 집중하여 읽는 경우가 많다. 단 한 글자도 틀려서는 안 된다는 듯 모든 신경과 시선은 원고에만 집중된다. 그러나 그렇게 집중하더라도 원고를 읽다 보면 틀리게 읽거나 말이 꼬이고 더듬거리는 등 실수가 더 많이 일어난다.

자기 소개처럼 즉흥적으로 하는 말은 청중을 향한 시선에 신경 쓰면서 내가 하고자 하는 말을 하면 된다. 그러나 원고를 보고 말하기는 시선 처리가 두 배로 어렵다. 원고를 봐야 하고 사이사이 청중도 봐야 한다.

원고를 읽는 가운데 청중에게 시선을 한 번 주었다가 원고를 다시 보려는데 어디까지 읽었는지 잊어버렸다. 그 순간 눈앞이 캄캄해져 원고 내용이 통째로 보이지 않는다. 당황스럽다. 아까 읽었던 줄을 다시 읽는다. 이때부터 청중을 다시 쳐다볼 여유가 사라진다. 그러고는 읽는 동안 원고에서 한시도 눈을 떼지 못한다. 청중을 향해 눈만 살짝 치켜뜨곤 하는 것이 고작이다. 그러니 청중은 화자의 정수리만 보게 된다. 양자 간의 교감이 끊어진다.

전문 MC가 TV 프로그램을 노련하게 진행하는 모습을 보면, 손에 쥐어진 것이 있다. 큐시트라고 하는 진행 원고다. 그것을 유심히 보고 따라하면 우리도 MC처럼 할 수 있다. 아래 내용을 실천해보자.

첫째, 원고의 글자 크기는 15포인트 이상으로 한다.
둘째, 준비한 원고는 A4 절반 크기로 준비한다.
셋째, 원고는 되도록 왼손으로 잡는다.

자기소개를 원고로 준비해오라고 요청하면, 대개 A4 한 장으로 만들어온다. 한 장에 다 채워넣기 위해 글자 크기를 줄인다. 줄 간격도 줄이고 자간, 장평도 줄인다. 줄이고 줄여서 기어이 한 장으로 만들어온다. 준비한 원고를 보고 읽으려니 원고 크기가 커서 불편하다. 글자 크기가 작아서 잘 보이지도 않는다. 더군다나 내용이 많아 어디까지 읽었는지 찾기도 어렵다.

전문 MC가 사용하는 큐시트를 살펴보자. A4 한 장 크기인가? 아니면 그것의 절반 크기인가? 절반으로 줄인 크기는 손에 쥐기 편하다. 다음 장을 넘기기도 수월하다.

원고를 A4 한 장에 욱여넣어 준비하라고 아무도 시키지 않았다. 자기 스스로 그렇게 해야 된다는 고정관념에 사로잡힌 것이다. 내가 보고 읽어야 할 원고다. 나한테 잘 보이는 것이 중요하다. 글자 크기가 커도 무관하다. 원고가 두 장이건 열 장이건 문제없다. 원고를 한 장으로 만들어야 한다는 고정관념에서 벗어나자.

어차피 한 장 이상으로 만든다면 글자 크기를 크게 해서 네 장, 다섯 장이 되어도 상관없다. 글자 크기는 최소 15포인트 이상이면 잘 보인다. 원고지를 A4 절반 크기로 만들면 손에 잡기도 편하다. 절반 면적에 글자 크기는 더 커졌다. 눈에도 더 잘 들어온다.

원고를 왼손으로 잡으면 여러 가지 장점이 있다. 모든 글자는 왼쪽에서 시작해 오른쪽으로 진행한다. 즉, 문장의 시작은 원고의 왼쪽이다. 지금 주변에 있는 종이를 왼손으로 원고를 잡듯이 쥐어 보자. 왼손 엄지는 원고의 윗면에, 검지, 중지, 약지, 소지는 원고의 뒷면에 위치한다.

이때 왼손 엄지가 매우 중요한 역할을 한다. 왼손 엄지손가락이 내가 읽어야 할 지점을 가르쳐주기 때문이다. 왼손 엄지는 내비게이션이다.

다음에 제시된 원고를 왼손으로 잡고 읽어보자.

여러분, 안녕하십니까? 저는 홍길동입니다.

제 가족을 소개하겠습니다. 아버지는 요리사로, 30년째 식당을 운영하고 있습니다. 어머니는 아버지와 같이 식당을 운영하며, 사장 겸 총지배인 역할을 하고 있지요.

우리집의 주 메뉴는 묵은지 갈비찜과 김치전골입니다. 할머니가 시골에서 직접 담가서 보내주는 묵은지가 일품이라서 손님이 끊이지 않습니다.

(중략)

오늘 이렇게 여러분을 만나게 되어 반갑습니다.

시간되면 저희 식당에 꼭 들러 맛있는 음식을 맛보시기 바랍니다.

위 원고를 어떻게 읽으면 좋을까?

(시선) (미소) 여러분 안녕하십니까? 저는 홍길동입니다. (인사)

이 부분을 읽을 때 왼손 엄지는 둘째 줄 "제 가족" 부분을 잡는다. "제 가족 ~ 하고 있지요" 대목을 읽으면서 청중을 바라본다. 이때 원고를 잡고 있는 왼손 엄지는 두 번째 문장(다섯째 줄) "우리집의" 부분을 잡는 것이 핵심이다. 그 다음에는 "오늘 이렇게" 부분으로 옮겨가서 잡는다.

읽고 있는 문장과 다음 읽어야 할 문장을 동시에 진행하는 것이다. 물론 처음에는 익숙하지 않겠지만 몇 번 연습하다 보면 이내 손에 익는다.

다만, 원고에서 손을 옮길 때는 시선은 원고가 아니라 청중을 바라봐야 한다. 머릿속에 입력된 문장의 내용을 말한다. 이때 왼손 엄지는 다음 읽을 부분에서 미리 대기하고 있다. 이렇게 되면 원고에서 눈을 떼고 청중을 바라보며 말을 하다가 다시 원고를 보더라도 어디서부터 읽어야 하는지가 바로 눈에 들어온다. 원고를 준비하고 왼손 엄지를 옮기면서 읽는 연습을 몇 번 해보자.

브리핑, 기자 회견, 행사 진행 등에서는 주어진 원고를 보고 읽게 된다. 어떻게 읽느냐에 따라서 그 정보에 대한 신뢰도가 결정된다. 아무리 정확하고 유용한 내용이더라도 보고자가 서툴면 신뢰를 잃게 된다.

수년 전 필자가 근무하는 영암군에 조류독감(A.I.)이 발생했다. 긴급 방역과 살처분이 필요한 상황으로, 군청 소속 공무원들이 비상 소집되었다. 상황 보고를 듣고 현장으로 출동하기 위해 공무원들이 대강당에 모였다. 담당 과장이 관련 내용을 브리핑하기 위해 대강당 연단에 올랐다.

"지금부터 에이원(A.I.) 발생 상황에 대한 보고를 드리겠습니다."

'에이아이(A.I.)' 라고 읽어야 할 것을 '에이원(A1)' 이라고 읽은 것이다. 그 사건 이후 그 과장은 '에이원 과장' 이 되었다.

'에이아이(A.I.)' 를 '에이원(A1)' 이라고 읽은 순간부터 뒤의 내용은 신뢰할 수 없게 된다. '에이원'을 다시 '에이아이'로 정정하여 읽었지만 버스는 떠나버린 뒤였다. 심지어 한 번 읽었던 구절을 다시 읽는 실수까지도 일어났다. 단순한 실수가 아니다. 미리 준비된 원고를 단 한 번이라도 읽는 연습을 했다면 이런 실수는 없었을 것이다. 눈으로만 슬쩍 읽어보고 연단에 올라간 것이다. 관리자로서 기본 업무 파악도 하지 못한 것을 자기 입으로 만천하에 알린 것이다.

준비된 원고도 제대로 보지 못하면 즉흥적으로 말하기보다 더 곤란한 상황에 직면할 수 있다. 원고를 보고 읽다가 어느 줄까지 읽었는지 잊어버리고 당황해하는 사람을 많이 보았다.

평소에 왼손을 이용하는 연습을 꾸준히 해보자. 실전에서 여유가 생기고 원고를 자연스럽게 다루게 될 것이다.

단박에 상대방의 마음을 사로잡는 7가지 비결

대개 처음 만났을 때 몇 초간의 인상이 그 사람의 이미지로 굳어진다. '초두효과'다. 첫 만남에서 나쁜 이미지를 주면 나중에 아무리 좋은 모습을 보이려 노력해도 처음의 이미지에서 벗어나기가 어렵다. 어떻게 하면 처음 대면에서 좋은 이미지를 줄 수 있을까?

1. 사려 깊은 질문을 던진다

상대방이 어떤 질문을 하는지 유심히 살펴보면 그 사람에 대해 많은 것을 알 수 있다. 실제로 경영자들은 면접 때 지원자가 어떤 질문을 하는지 유심히 듣고 판단한다.

2. 경청한다

경청은 의사소통에서 가장 중요한 능력이자 덕목이다. 경청은 대화 상대에게 신뢰와 호감을 주기 때문이기도 하지만, 무엇보다 잘 들어야 잘 말할 수 있기 때문이다.

3. 먼저 상대방이 흥미로워할 화제를 꺼낸다

첫 만남에서 호감을 주려면 내 이야기를 늘어놓기 전에 먼저 상대방에게 관심을 가져야 한다. 상대방이 자랑스러워할 만한 일이나 흥미로워할 만한 주제를 화제로 올리는 것이 좋다. 그러면 상대방도 내게 관심을 보일 것이다.

4. 이름을 기억하여 불러준다

사람은 누구나 자기 이름을 기억하여 불러주고 알아봐주면 좋아한다. 누군가 자신의 존재를 인정하고 기억하는 것만큼 인상적인 경험은 없을 것이다. 그에 더해 기본적인 신상까지 기억하여 배려한다면 최고다.

5. 스토리로 대화를 풀어간다

상대방에게 기억되기 가장 좋은 방법은 스토리로 대화를 풀어가는 것이다. 스토리는 힘이 있고 오래도록 기억에 남는다. 스토리는 무엇보다 재미가 있다.

6. 많이 웃고 눈을 마주친다

웃음은 상대방의 경계심을 해제시킨다. 아울러 눈을 마주 보고 시선을 교환하는 것이 중요하다. 눈빛을 나누는 것은 서로의 감정을 나누는 것이기 때문이다.

7. 상대방을 진심으로 대하고 진실을 말한다

진심이 느껴지지 않으면 제아무리 유창한 언변이라도 상대방을 감복시키거나 설득시킬 수 없다. 대화든 강연이든 토론이든 가장 중요한 것은 진실을 말하는 것이다. 정직이야말로 말하기에서 가장 강력한 무기다.

스페이스 스톤

이 공간은
내가 접수한다

•

01

연극이 끝나고 난 뒤
혼자서 객석에 남아 _〈연극이 끝나고 난 후〉

• 무대 울렁증 극복하기

"뭔가를 얻으려면 그만큼 노력과 연습이 필요하다. 아무런 연습도 하지 않고서는 말하기에 대한 두려움은 결코 극복할 수 없다. 지금 당장 조금씩 실천하고 연습해야 한다. 절실하게 노력하는 사람은 타고난 천재보다 조금 늦게 가더라도 반드시 성공한다."

70이 넘은 나이에 100년 한국 영화사상 최초로 오스카를 거머쥔 윤여정이 수상 기자 회견에서 본인의 연기 철학을 묻는 기자에게 이렇게 대답했다.

"절실해서 연기했기 때문에 그저 그냥 최대한 많이 노력했다."

브로드웨이로 가는 길을 묻는 명언도 있지 않나.

"Practice!"

국민 MC 유재석의 고민을 들어본 적이 있는가? 신인 시절 지독한 카메라 울렁증으로 생방송 중 실수를 연발했다. 결국, PD로부터 출연 정지를 당했다.

방송 출연을 못 하게 된 9년의 무명 기간에 그는 무엇을 했을까?

인기 예능 프로그램을 녹화하고 MC의 말을 따라했다. 중요 장면에서는 정지시킨 후 멘트를 예상하고 '나라면 여기서 어떻게 말했을까?' 라는 고민으로 연구와 연습을 거듭했다. 끊임없이 연구하고 실전처럼 연습한 결과가 지금의 유재석을 만든 것이다.

최고의 재담꾼 김제동의 학창 시절 별명을 아는가? 버섯이다. 아무도 없는 구석진 곳에서 혼자 있기를 좋아했기 때문이다.

영화 〈기생충〉에서 은광 역을 열연한 배우 이정은. 그녀는 이미 연극 무대에서 손꼽히는 명배우였다. 하지만 영화나 드라마에서는 상대적으로 덜 알려졌다. 지독한 카메라 공포증 때문이었다. 연극 무대의 관중은 익숙하지만, 카메라가 켜지면 얼어붙었다. 카메라 공포증으로 숱한 어려움을 겪었지만, 각고의 노력으로 극복해내고 영화에서도 활짝 피었다.

무대에 선다는 것은 누구에게나 두려운 것이다. 익숙하지 않은 것이 불편한 것은 당연하다. 몇 년째 신던 신발은 발에 편하지만, 새로 산 신발은 발에 익숙해질 때까지는 불편하다. 익숙하지 않기 때문에 불편하다. 불편이 계속되면 불안하고 두려워진다. 따라서 두려움을 없애는 가장 간단한 방법은 익숙하게 만드는 것이다. 설령 귀신이라 할지라도 처음엔 두렵겠지만 매일 만난다면 점점 익숙해지고 무덤덤해질 것이다. 심지어 나중에는 아주 친숙해질 수도 있을 것이다.

뭐든 자주 연습해서 익숙해지는 것이 가장 좋은 방법이다. 어떤 이는 '누가 그걸 모르나? 단박에 좋아지는 비법을 알려달라' 고 할 수도 있다. 하지만 아쉽게도 단박에 해결되는 비법은 없다. 드라마로 방영된 〈미생〉은 바둑을 통해 직장생활을 말한다. 그중에 이런 대사가 있다.

"기초가 없으면 계단을 오를 수 없다. 기초 없이 이룬 성과는 단계를 오르는 것이 아니라 성취 후 다시 바닥으로 내려오게 된다."

바둑에서 기초가 중요하듯 말하기도 기초가 중요하다. 윤여정처럼, 유재석처럼, 김제동처럼, 이정은처럼 꾸준한 노력만이 무대 울렁증을 극복할 수 있다. 연습만이 살 길이다.

나는 공무원이 된 뒤 25년 동안 강의와 교육을 했다. 수많은 무대에 서면서 몸으로 체득한 요령이 있다. 이런 방법으로 수없이 연습했다. 단박에 확 좋아지는 비법은 없다. 소박하지만 실제적인 방법을 말할까 한다.

300명쯤 모이는 대강당이나 50명쯤 모이는 회의실에서 인사말을 해야 할 경우를 예로 들어보자. 원고는 당연히 미리 준비해야 한다. 여기서는 무대 울렁증을 얼마나 잘 극복하고 어떻게 여유 있게 말할 수 있느냐가 관건이다.

1단계: 객석에서 말하기

대강당이라면 객석의 가장 앞줄, 소규모 회의실이라면 첫 번째 책상에 앉는다. 연단에 서서 청중을 바라보는 것이 아니라, 객석에 앉아 강사를 바라보는 위치에서 원고를 읽어보자. 이때 원고는 반드시 소리 내서 실전처럼 읽어야 한다. 눈으로 읽으면서 속으로 중얼중얼하는 묵독은 안 된다. 큰 목소리로 육성으로 읽는 낭독을 해야 한다.

연단에서 객석을 바라보는 것은 어색하고 불편하다. 하지만 객석에 앉는 것은 익숙하기에 덜 불편하다. 객석에 앉아서 준비한 원고를 읽는 연습을 해보면 말하기에 대한 두려움이 조금씩 사라진다.

2단계: 객석에서 벗어나기

객석에서 말하기가 익숙해지면 이번에는 그 자리에서 일어나서 원고를 읽어보자. 이때 중요한 것은 방향이다. 1단계에서는 객석에서 연단을 바라보았다. 2단계에서는 객석에서 객석을 바라보아야 한다. 내가 앉았던 자리에서 일어나 몸을 반대 방향으로 돌려 객석을 바라본다. 그리고 나서 원고를 읽어보자.

이번에도 마찬가지로 묵독이 아니라 낭독을 해야 한다. 연단을 바라보는 시선과 객석을 바라보는 시선은 정반대 방향이다. 시선이 향하는 방향이 반대로 바뀌기 때문에 상당히 어색하게 느껴질 수 있다.

'어? 이게 뭐야? 이게 무슨 연습이야?'

아무것도 아닌 것처럼 보인다. 하지만 실제로 연습해보면 상당히 많은 효과가 있음을 몸으로 느낄 수 있다.

대중 앞에서 말하기에 두려움을 갖는 사람들은 실상 말하는 그 자체보다도 객석을 바라보는 것을 더 두려워하는 경우가 대부분이다. 심리적으로 자신의 안전지대라 여겨지는 객석에서 일어나 반대 방향을 향해 말하기 연습을 하면 시선에 대한 두려움이 점점 사라진다.

이것이 익숙해지면 그 자리에서 연단 쪽으로 한두 걸음 더 다가가 객석에서 조금씩 멀어진 위치에서 읽고 말하기 연습을 해보자. 무대에 대한 두려움이 조금씩 사라지는 완충지대의 역할을 해줄 것이다.

3단계: 텅 빈 무대에서 말하기

아무도 없는 텅 빈 무대 또는 연단에서 객석을 바라보자. 한숨이 나오며 두려운가? 당신이 극복해야 할 무대다. 아무도 없는 텅 빈 무대에서 준비한 원고를 읽어보자.

이번에도 묵독이 아니라 낭독을 해야 한다. 다만 여기서는 실전과 달리 마이크는 사용하지 않아야 한다. 당신 육성이 텅 빈 공간에서 메아리쳐 다시 당신 귀에 들리도록 마이크 없이 오롯이 당신 육성으로만 천천히 읽어보자.

가만히 혼자 말하고 있으면 관객이 가득 들어찬 상태보다 더 어색하고 쑥스럽다. 한두 줄 읽다가 창피하고 어색해서 그만둘 확률이 높다. 아무도 없는 상태에서도 말을 못 한다면 50명이 가득 찬 회의실에서, 300명이 가득 찬 대강당에서 말하기는 더더욱 어렵다.

대강당이나 회의실처럼 실제 장소에서 연습하는 것이 가장 좋다. 부득이 그것이 어렵다면 대안이 있다. 머릿속으로 대강당이나 회의실을 상상하면서 연습하는 것이다. 일종의 VR(가상현실)을 내 머릿속으로 그리면서 연습해보자. 무작정 원고만 읽는 것보다 실제 상황에서 효과가 비교할 수 없을 만큼 좋아진다. 이것이 바로 무대 리허설이다.

영화 〈보헤미안 랩소디〉에서 압권은 바로 라이브 에이드에서 프레디 머큐리가 열창하는 장면이다. 프레디는 생전에 "가득 찬 관중은 나를 살아 숨 쉬게 하는 에너지다"라며 무대에 올랐다. 가득 찬 관중을 에너지원으로 삼아 무대에서 열정을 폭발시킨 것이다.

연단에 서서 보이는 관객은 두려움의 대상이 아니라 당신을 살아 숨 쉬게 하는 에너지원이다. 당신을 설레게 하는 아드레날린이다. 이렇게 이미지 트레이닝을 하며 무대에 나서보자. 같은 상황이지만 피하고 싶은 두려움이 아닌, 적극적으로 맞이하고 싶은 설렘이 될 것이다. 그렇게 되기 위해서는 연단에 서는 것을 연습해봐야 한다.

수십 년 관록을 지닌 대배우도, 유려한 말솜씨를 뽐내는 아나운서도, 행사를 주도하는 명MC도, 국민가수로 불리는 대가수도 수많은 리허설 과정을 거친 후에 마이크를 잡고 무대에 선다. 하물며 아마추어인 우리는 얼마나 많은 연습을 해야 할까?

뭔가를 얻으려면 그만큼 노력과 연습이 필요하다. 아무 연습도 하지 않고서는 말하기에 대한 두려움은 결코 극복할 수 없다. 지금 당장 조금씩 실천하고 연습해야 한다. 절실하게 노력하는 사람은 타고난 천재보다 조금 늦게 가더라도 반드시 성공한다.

나는 하루 한 시간씩 무대 리허설을 한다. 출퇴근하는 차 안에서 운전하면서 머릿속으로 시뮬레이션하기 때문이다. 출근길에는 500명이 가득 찬 대강당이다. 퇴근길에는 20명이 앉아 있는 소회의실이다. 내일은 대통령을 모시고 연습해봐야겠다. 돈 한 푼 들이지 않아도 기획, 연출, 각본, 주연까지 나 혼자서 다 할 수 있다.

02

·

그 사람 나만 볼 수 있어요
내 눈에만 보여요 _〈애인 있어요〉

· 큰 무대에서 떨리지 않고 설레게 만들기

"말은 나 혼자 무작정 떠들어댄다고 잘하는 것이 아니다. 상대의 말을 잘 들어주면 상대도 내 말에 경청하게 된다. 말하기가 어려운 큰 이유는 듣는 연습을 안 하기 때문이다. 잘 들어야 잘 말할 수 있다. 내 말이 상대의 뇌리에 박히도록 감명 깊은 말을 하고 싶다면 먼저 상대의 말을 경청해야 한다."

"말할 때 움직이는 부위는 얼굴과 손이다. 입을 크게 벌리거나, 고개를 숙이거나, 눈썹을 움직이거나, 입술이 떨리거나, 눈이 땅바닥을 보는 것 등은 얼굴의 움직임이다. 이러한 얼굴 안에서의 움직임은 가급적 피해야 하는 동작이다. 대신 손은 매우 적극적으로 움직일 필요가 있다. 손이 행할 수 있는 동작과 메시지는 말과 맞먹는다."

박성창 교수가 《수사학》에서 밝힌 말하기 방법이다. 그는 "손이 행할 수 있는 동작과 메시지는 말과 맞먹는다"라고 했다. 하지만,

내 경험으로는 그 이상이라고 생각한다.

말하기 관련 공부할 때 반드시 나오는 '메라비언의 법칙' 이 있다. 한 사람이 상대방으로부터 받는 이미지의 55%는 시각적인 것으로 받아들인다는 것이다.

시각영역(55%): 외적으로 보이는 자세, 시선, 제스처
청각영역(38%): 소리의 품질, 목소리 톤, 음색
언어영역(7%): 말의 내용, 단어, 용어

누군가 내 앞에서 말을 한다. 말하는 이가 어떤 말을(7%) 했느냐보다 어떤 제스처(55%)를 취했느냐에 따라 신뢰도가 결정된다. 좋은 목소리(38%)라면 좋은 단어(7%)를 사용한 것보다도 더 기억에 남는다.

눈으로 들어오는 이미지와 정보는 가장 빠르게 뇌로 전달되고 입력된다. 귀로 들린 정보는 뇌로 전달되어 한 번 더 분석된 뒤 정보가 입력된다. 말의 내용(7%)보다 눈에 보이는 것(55%)이 약 8배나 차이가 난다.

당나라의 인재 선발 기준은 신언서판身言書判이었다. 용모가 단

정하며 언변이 조리 있고 글씨에 능하며 사리판단이 분명한 인재를 채용하는 것이다. 오늘날 공무원 선발이나 대기업 입사시험에서 면접을 중시하는 목적은 필기시험 성적으로만 판단하는 오류에 빠지지 않기 위해 취한 조치다. 그중 첫째 기준이 신(身)이다. 당나라의 정책과 메라비언의 법칙이 일맥상통한다.

말하기에 어려움을 겪는 이가 흔히 저지르는 실수 중 하나가 단순히 '말하기에만' 급급하는 것이다. 아무리 좋은 내용을 말해도 자신 없게 말하면 기억에 남지 않는다.

좋은 말하기의 핵심은 입으로 '만' 말하지 않고 몸으로 '도' 말하기다. 몸으로 말하기의 기본은 앞에서 배운 시선 처리부터 시작된다. 말하기가 두려운 것은 말 그 자체가 아니라 말을 해야 하는 '상황'이 두려운 것이다. 말을 해야 하는 상황에서 가장 난감한 것은 시선을 어디에 두어야 할지 모른다는 것이다. 앞서 공부한 내용을 심화하여 배워보자.

텅 빈 무대에 서서 객석을 바라본다. 회의실이든 대강당이든 객석을 가로 세로로 이등분하는 가상의 선을 그어보자. 객석을 우상, 좌상, 좌하, 우하로 4등분 한다. 그런 다음 우상, 좌상, 좌하, 우하의 순서로 시선을 준다. 한 구역에서 천천히 5초를 세고 다음 구역으로 넘어가다. 이때 주의할 점은 '눈은 고정하고 목을 돌리면서' 시선을 처리해야 한다. 반대로 목을 고정하고 눈동자만 움직여서 시선 처리하는 것이 매우 좋지 않다. 그럴 경우 청중은 말하는 이가 나를 노려본다는 느낌을 강하게 받게 된다.

연단에 서면 긴장되고 긴장되면 몸이 굳는다. 목은 움직이지 않고 눈동자만 움직이는 실수를 많이 범하게 된다. 천천히 목을 움직이며 시선을 옮겨보자. 이것이 익숙해지면 원고를 읽으면서 시선 처리 연습을 해보자.

원고의 첫 문장을 읽으면서 시선은 우상 구역을 바라본다. 두 번째 문장은 좌상, 세 번째는 좌하, 네 번째는 우하를 보면서 읽는다. 이때 앞에서 배운 왼손 엄지를 내비게이션으로 활용하여 원고를 어디까지 읽었는지 체크하자.

이렇게 하면 객석을 향해 디귿(ㄷ)자 방향으로 시선 처리가 가능해진다. 이것이 익숙해지면 객석을 9등분, 16등분해서 연습해보자. 객석이나 회의실의 규모를 감안하여 4등분, 9등분, 16등분으로 나누면 된다.

시선 처리를 번호 순서대로 하면 다음과 같다. 거울을 보면서 연습해보자.

2	1
3	4

3	2	1
4	5	6
9	8	7

4	3	2	1
5	6	7	8
12	11	10	9
13	14	15	16

객석의 크기에 따라 디귿(ㄷ)자 또는 리을(ㄹ)자 형태의 순서로 시선을 처리하면 전체 객석을 '장악' 하며 말할 수 있다. 이것이 익숙해지면 N자 형태나 Z자 형태로 시선 처리를 해도 좋다. 단 M 자나 W자의 시선 처리는 지양해야 하는데, 다음 표는 M자 또는 W자 형태의 시선 처리다.

1	4
2	3

1	6	7
2	5	8
3	4	9

13	12	5	4
14	11	6	3
15	10	7	2
16	9	8	1

지금 거울을 보면서 위 표의 형태로 시선 처리를 연습해보자. 앞선 디귿자나 리을자 방향의 시선 처리와 비교해보면 어떤가? M자나 W자 형태의 시선 처리를 하게 되면 청중은 나를 위아래로 훑어본다는 느낌을 강하게 받게 된다. 따라서 이런 시선 처리는 절

2장 스페이스 스톤 -이 공간은 내가 접수한다

대로 해서는 안 된다. 연단에 서는 경험이 적거나 긴장하는 경우 저런 형태의 실수가 나오기도 한다.

다음은 많은 이를 대상으로 하는 경우가 아니라 면접이나 대면 보고처럼 적은 인원과 말할 때 시선이다. 연단이 아니라 일대일로 대화할 때도 많은 이가 눈을 어디에 둬야 하는지 곤란을 겪는 경우가 잦다. 상대방의 눈을 노려보듯 똑바로 쳐다보는 것도 부담스럽다. 자신이 없으면 상대방의 가슴까지 시선이 내려온다. 그런 시선으로 말하면 상대방은 불쾌감을 느낄 수도 있다.

이론상 부드러운 시선으로 상대방과 눈을 마주치면서 말하는 것이 좋다. 그러나 눈맞춤처럼 쑥스럽고 어색한 것이 없다. 가족 간에도 눈을 똑바로 보는 것은 부담스럽다.

그럴 때는 상대방의 코나 인중 부분을 보면서 말하면 좋다. 말하는 이도 부담스럽지 않고 듣는 이도 시선에 대한 부담이 적다. 아주 친밀한 사이라면 눈을 마주치겠지만 사무적인 자리나 설득을 해야 하는 자리라면 상대방의 코나 인중을 바라보면 무난하다.

시선 처리 외에 신뢰도를 높이는 비법이 있다. 바로 '고개 끄덕임'이다. 말을 하면서 상황에 따라 적절한 타이밍에 고개 끄덕임을 활용하면 듣는 이가 경청하게 만들 수 있다. 이것은 당신이 말할 때뿐만 아니라 당신이 듣고 있는 경우에도 말하는 상대방에게 신뢰도를 높여준다. '알겠다, 공감한다, 수긍한다, 동의한다' 는 신호다. 주억거리는 행동은 나와 상대를 공감시키는 강력한 시그널이다.

거울을 보면서 연습해보자. 말은 혼자 무작정 떠들어댄다고 잘하는 것이 아니다. 상대의 말을 잘 들어주면 상대도 내 말에 경청하게 된다. 말하기가 어려운 큰 이유는 듣는 연습을 안 하기 때문이다.

잘 들어야 잘 말할 수 있다. 당신 말이 상대의 뇌리에 박히도록 감명 깊은 말을 하고 싶다면 먼저 상대의 말을 경청해야 한다. 경청의 첫 단계가 '고개 끄덕임' 이다.

또 한 가지 중요한 것이 적절한 제스처 사용이다. 많은 사람이 말할 때 손을 주체하지 못한다. 손을 어디에 둬야 하는지 몰라서 쩔쩔맨다. 자신이 없다면 두 손을 모아서 배꼽 앞에 두면 된다.

준비된 원고나 큐시트가 있다면 왼손에 쥐면 된다. 앞에서 배운 대로 왼손에 쥐고 있어야 내비게이션이 생긴다. 어느 정도 높이로 쥐어야 할까? 왼손의 원고는 심장과 배꼽 사이 명치 앞에 위치하면 좋다.

지금 주변의 종이를 왼손에 쥐고 실습해보자. 왼손이 심장 앞에 있는 것보다 명치 앞에 있는 것이 가장 자연스럽다. 왼손의 원고가 심장 높이 이상으로 높아지면 진행자도 힘들지만, 청중은 심리적인 위압감을 느끼게 된다.

원고를 쥔 왼손은 명치 앞에 위치시키고, 오른손은 왼손의 원고와 평행선에 위치시키자. 오른손은 문장의 내용에 따라 적절히 움직이면 된다. 오른손의 움직임은 두 가지를 기억하자.

① 안에서 밖으로
② 주먹을 쥐었다가 손바닥을 편다

손을 이용한 제스처는 밖에서 안으로 들어오는 것보다는 안에서 밖으로 향하며 말하는 게 훨씬 자연스럽다. 이러한 제스처는 말하는 이의 자신감을 표현한 것으로, 청중의 집중력을 높이는 데 도움이 된다. 이때 주의할 점은 오른손의 높이다. 오른손을 펼칠 때 어깨 높이 이상은 지양해야 한다. 내 얼굴 높이 이상으로 손을 들면 오버 액션으로 느껴진다. 어깨 높이 정도가 가장 무난하며 얼굴 높이가 마지노선이다.

물론 상황에 따라서 굉장히 강조하거나 결연한 의지를 표현한다면 높게 올린다. 이런 경우를 제외하고는 대부분 가슴 높이 정도로 오른손의 제스처를 사용한다.

지금 오른손을 이용하여 연습해보자.

가슴 앞에 주먹을 쥐고 있다가 손바닥을 펴면서 바깥쪽으로 펼친다. 이게 익숙해지면 가슴 앞의 주먹이 원을 그리듯 내 얼굴 쪽으로 살짝 올라왔다가 손바닥을 펼치면서 바깥쪽으로 향해보자. 후자가 좀 더 여유 있고 세련미 있게 보인다. 익숙하게 구사하지 못하면 로봇 같은 느낌을 줄 수 있다. 많이 연습해서 몸에 익숙해지도록 활용해보자.

말 잘하는 사람과 말하기에 어려움을 겪는 사람을 비교해보면 손에서 큰 차이를 보인다. 손을 적재적소에 잘 활용하면 말의 효과를 높일 수 있다. 말하기에 두려움이 있는 사람은 본인의 손을 어찌할 바를 몰라 허둥지둥한다. 무음 상태에서 손의 움직임만 보아도 화술의 정도를 파악할 수 있다.

손이 부자연스러운 이유는 말과 손이 박자가 맞지 않기 때문이다. 손동작 없이 말하면 영 어색하게 보이는 것도 이 때문이다. 박성창 교수의 말처럼 손은 말과 맞먹는 메시지를 전달할 수 있다. 지금부터 손을 자유롭게 쓰는 연습을 해보자.

우선, 읽어야 할 원고를 준비하자. 말하지 않고 의미를 전달해보자. 원고를 제대로 낭독하는 것이 아니다. 노래하듯 허밍으로 '음~음~음~' 하면서 읽는 것이다. 제대로 읽히지 않으니 내용 전달은 되지 않는다. 그러나 기본 억양은 살아있다. 〈가족오락관〉의 '몸으로 말해요'를 구현하는 것이다.

본능적으로 손을 사용하여 말하게 된다. "3가지를 말하겠습니다"라고 음~음~음~ 하면 손가락 세 개를 펼 수밖에 없다. "저는" 부분을 읽으면 자연스럽게 손으로 자신의 가슴 부위를 가리킨다. "여러분 모두를" 부분을 읽으면 두 손을 앞으로 펼치게 된다.

신체의 다른 부위로도 메시지를 전달할 수 있다. 그러나 손은 그 자체로 말을 한다. 손은 그 자체가 제2의 입이다.

여기까지, 말하기를 위한 초급 단계를 배웠다. 자기 소개, 인사말, 실적 발표, 친목 모임, 영업 활동 등 일상생활에서 흔히 접하지만 어디서도 가르쳐주지 않는 말하기에 대한 실전용 노하우다. '겨우 이런 게 비법이라니?' 이러면서 반문하거나 시시하게 느낄 수도 있다. 그렇지만 나 또한 반문하고 싶다. 시시하다고 무시한 것을 한 번이라도 의식하고 연습해보았는가?

메이저리그 아시아 최다승 투수 박찬호 선수에게 위대한 투수가 되기 위해 가장 많이 한 훈련이 무엇이냐고 물었다. 박찬호 선수의 답은 무엇이었을까? '러닝'이었다. 비가 오나 눈이 오나 컨디션이 좋거나 나쁘거나 학창 시절부터 러닝은 하루도 빠지지 않았다고 한다.

달리기에 그렇게 집착했던 이유는, 좋은 공은 어깨로 던지는 것이 아니라 하체로 던지기 때문이다. 위대한 투수의 비법은 기본에 충실한 것이다. 따분하고 실력 향상이 쉽사리 눈에 보이지 않는 러닝 훈련은 하지 않고 바로 공부터 던지면 결과는 뻔하다.

인사하는 법, 시선 두는 법, 원고 잡는 법, 묵독이 아닌 낭독하기, 텅 빈 무대에서 말해보기, 연단에서 ㄷ자, ㄹ자로 시선 처리해보기, 오른손 제스처해보기, 고개를 끄덕여 경청하기 같은 연습은 보통 사람은 한 번도 해보지 않은 연습이다.

'저런 사소한 것을 연습한다고 말을 잘할 수 있겠어?' 이런 의구심이 생길 수 있다. 그러나 명심해야 한다.

"사소한 것을 이루지 못하면 결코 큰 것을 이루지 못한다."

사소하고 유치하지만, 기본부터 차근차근 익히다 보면 어느 순간 비약적으로 발전하게 된다. 지금까지 가장 기초적인 내용을 배웠다면 이제 조금 더 심화한 내용으로 말하기 연습을 해보자. 생각하고 고민하고 연습하기를 더 열심히 해야 한다.

도쿄올림픽 여자 배구 일본과의 4강전에서 김연경 선수는 선배로서 이렇게 후배들을 독려했다.

"해보자! 해보자! 후회하지 말고!"

말하기에서 우아하게 이기는 5가지 비결

흔히 '목소리 큰 사람이 이긴다' 고 하지만, 그건 악다구니로 싸울 때나 통하지, 격식 있는 토론이나 대화에서는 어림도 없다. 대중을 상대로 하는 강연에서도 그렇지만, 상대방이 있는 토론이나 대화에서는 먼저 흥분하여 목소리가 높아지는 사람이 지게 되어 있다. 말하기에서는 우아하게 이겨야 한다. 그전에, 우아하게 대응하는 사람은 이미 이겼다. 그렇다면 말하기에서 우아하게 이기는 비결은 뭘까?

1. 버럭 하는 마음을 즉시 가라앉힌다

토론에서 상대방은 당신을 자극하기 위해 모욕적인 말로 도발할 수 있다. 이때 흥분하여 소리를 지르거나 자리를 박차고 나가면 당신은 지는 것이다. 분노(anger)에서 위험(Danger)까지는 한 발짝이다. 'D' 한 끗 차이라는 말이다. 냉정해야 이긴다.

2. 상대방이 왜 그러는지 이유를 생각한다

상대방이 까다롭게 구는 말에만 붙들려 상대방을 비난하기 전에 먼저 대체 왜 그러는지, 이유를 알아보면 그 상황에 가장 적절하게 대처할 수 있고, 말하기에서도 우아하게 이길 수 있다.

3. 힘에는 맞서지 않고 그것을 이용한다

토론이나 대화에서 상대방의 주장을 근거나 논리로는 반박하지 못하게 되면 우격다짐으로 잡아 누르려는 사람이 있다. 여기에 똑같이 힘으로 맞서서는 승산이 없다. 왕년에 씨름선수 이만기가 자기 체구의 2배나 되는 거구들을 가볍게 넘어뜨리듯, 상대방의 힘을 역이용하면 간단하게 제압할 수 있다.

4. 할 말이 없으면 차라리 침묵한다
대화나 토론에서 어이가 없어 말문이 막힐 때가 있다. 그럴 때는 침묵하는 것도 전술이다. 침묵이 때로는 가장 강력한 말이 된다. 침묵은 가장 반박하기 어려운 주장이라는 말도 있다.

5. 잘잘못을 따지기보다는 문제해결에 집중한다
무슨 문제가 생겨 의논하는 자리에서 잘잘못을 따지는 데만 쏠리게 되면 문제를 더욱 악화시키고 만다. 모두 패자가 되고 마는 것이다. 먼저 미래에 초점을 두고 해결책을 찾는 데 집중해야 한다. 책임을 묻는 것은 그런 후에 해도 늦지 않다.

첫 번째 리얼리티 스톤

리허설은
실전처럼

내 생의 최고의 선물
당신과 만남이었어 _〈동반자〉

• 공기 반 소리 반. 진동과 울림

"단순히 목소리 톤만을 높인다고 해서 잘 들리는 것은 아니다. 잘 들리는 말소리의 비결은 바로 진동에 있다. 적절한 진동과 울림이 있는 목소리가 잘 들리는 것이다. 진동과 울림이 있는 목소리를 들었을 때 흔히들 '와우~ 목소리 정말 좋은데' 라고 느끼게 되는 것이다. 그래서 아나운서, 탤런트, 배우, 가수 등 목소리가 생명인 직업군은 보이스 트레이닝을 한다."

"공기 반 소리 반은 기본기에 관한 문제이지 특별한 비법이 아니다. 말할 때의 목소리처럼 편하게 노래를 해야 성대가 안 다친다. 공기가 줄어들어도 성대가 다치고, 공기를 의도적으로 많이 불어 넣어도 성대가 다친다. 가수 인생을 길게 보고 목을 안 다치고 오래 노래를 하려면 그 발성을 유지해야 한다."

JYP엔터테인먼트 박진영 대표의 발성론이다.

목소리는 어떤 과정을 거쳐서 몸 밖으로 배출될까?

소리를 내는 데 관련된 기관은 발성기, 진동기, 공명기, 발음기 등 네 가지로 구성된다. 발성기는 호흡을 책임지는 폐를 말하는데, 목소리를 만드는 공기주머니라 할 수 있다. 호흡을 통해 폐로부터 공급되는 공기가 성대를 지나면서 성대의 진동을 통해 소리가 만들어진다. 공기의 양이 충분하고 일정하게 유지되어야 좋은 목소리가 나온다.

목소리를 만드는 데 가장 핵심이 되는 기관인 성대를 진동기라고 한다. 후두융기 안에 있는 성대가 호흡을 위해 열려 있다가 말을 할 때는 성대가 서로 마찰하고 진동하면서 소리를 만들어낸다. 이때 성대는 현악기의 줄처럼 길이, 굵기, 긴장도에 따라 변화되면서 음의 높낮이를 조절한다.

이렇게 성대를 통해 만들어진 소리는 공명기(인두, 구강, 비강)의 도움을 받아 커지는데, 현악기 울림통의 역할과 비슷한 원리다. 악기의 현이 낸 소리(원음)가 울림통을 거치면서 크고 부드럽게 되듯이, 목소리도 성대에서 나온 소리(원음)는 별로 크지 않고 거칠지만 공명기를 거치면서 크고 부드러워진다. 이 과정을 거치면서 각자 자신만의 개성 있는 음색을 갖는다. 코감기나 비염에 걸렸을 때 코맹맹이 소리가 나면서 자기만의 음색이 나오지 않고 이상한 소리가 나는 것이 바로 이 때문이다.

이렇게 해서 나온 소리는 발음기인 입을 통해서 비로소 신체에서 벗어나 외부로 나간다. 입 밖으로 나온 소리는 공기를 진동시키면서 다른 사람의 귀로 전달된다.

위와 같이 복잡한 과정을 거쳐 몸에서 빠져나간 소리는 어떤 과정을 거쳐 상대방의 귀에 들리게 될까?

사람의 귀에 전달되는 소리는 공기 진동으로 전달된다. 이 음파는 우리 귀에 도달해서는 고막을 진동시키고 청신경을 통해 대뇌에 전달되어 소리를 구분한다.

공기의 진동은 귓바퀴에서 모여 귓구멍을 통하여 전달된다. 진동은 귀청에 부딪혀 귀청을 진동시킨다. 이 진동은 귓속 3개 귓속뼈의 진동으로 바뀌어 전정창을 통해 속귀로 전해진다.

속귀에는 달팽이관이 있는데, 진동은 달팽이관 속의 림프액으로 전해지고, 림프액의 진동은 청각세포를 자극한다. 청각세포에는 털이 나 있는데, 그 털은 막에 닿아 있어 같이 흔들려 진동을 감지한다. 그렇게 해서 청신경에서 대뇌로 전해진다. 이러한 작용은 1/500초이라는 짧은 시간에 이루어진다.

사실은 이보다도 더 장황한 설명이 필요한데 나름대로 간략하게 줄여본 내용이다.

"안녕하세요?"

이 한마디가 내 몸에서 상대방의 뇌에 인식되기까지의 과정을 한 줄로 요약하면 이렇다.

"소리는 공기의 진동을 통해 전달된다."

자신의 목소리를 녹음해서 들어본 적이 있는가? 이상하고 낯설게 느껴질 것이다. 평소 '내'가 듣는인식하는 '내' 목소리는 '공기를 통해 귀로 전달되는 음파고음'와 '뼈를 통해 전달되는 음파저음' 두 가지를 통해서 듣게 된다.

녹음된 내 목소리는 공기를 통해 전달되는 음파고음만 들리기 때문에 평소 내가 알고 있는 내 목소리저음보다도 고음으로 들린다. 도널드 덕이나 미키마우스의 소리처럼 인식되는 것이다. 지금 휴대폰을 꺼내서 내 목소리를 녹음해서 들어보면 쉽게 이해가 된다.

내 입을 통해 배출되는 내 말소리는 상대방에게 어떻게 들릴까?

단순히 목소리 톤만 높인다고 잘 들리는 것은 아니다. 잘 들리는 말소리의 비결은 바로 진동에 있다. 적절한 진동과 울림이 있는 목소리가 잘 들리는 것이다. 진동과 울림이 있는 목소리를 들었을 때 흔히들 '와우~ 목소리 정말 좋은데' 라고 느끼게 되는 것이다. 그래서 아나운서, 탤런트, 배우, 가수 등 목소리가 생명인 직업군은 보이스 트레이닝을 한다.

스피치를 배우는 우리도 진동과 울림이 있는 목소리를 만들기 위해 꾸준히 노력해야 한다. 진동과 울림이 있는 좋은 목소리를 만들려면 제대로 된 호흡이 선행되어야 한다. 호흡이 제대로 되지 않으면 결코 좋은 소리가 나올 수 없다. 많은 사람이 자신의 목소리에 콤플렉스가 있다. 목소리 때문에 남 앞에서 말하기를 두려워하는 경우가 많다. 바른 호흡을 하면 바른 목소리를 만들 수 있다.

바른 호흡의 핵심은 바로 복식호흡이다.

지금 '흠~~' 하면서 공기를 한껏 들이마셔 보자. 아마도 가슴이 부풀어 앞으로 나오면서 어깨가 위로 올라갈 것이다. 이것은 흉식호흡이다. 일반적인 상황에서는 대부분 가슴으로 호흡하는 흉식호흡한다. 복식호흡은 글자 그대로 가슴이 아닌 배로 호흡하는 것이다.

소리는 공기의 진동을 통해 전달된다. 따라서 소리에 공기를 같이 싣고 내보내야 좋은 소리가 나온다. '공기 반+소리 반'은 가수에게만 해당되는 것이 아니다.

복식호흡의 핵심은 내 배(腹)에 공기를 가득 채운 다음 천천히 뱉어내는 것이다. 코로 배가 불룩하게 나올 때까지 공기를 천천히 마시고들숨, 입으로 '쓰' 또는 '츠' 소리로 천천히 뱉어날숨낸다.

들숨은 코로, 날숨은 입으로 해야 한다. 또 하나 중요한 점은 들숨과 날숨을 빠르게 하는 게 아니라 최대한 천천히 해야 한다. 명심하자. 들숨일 때 가슴이 나오면 안 된다. 배가 불룩하게 나와야 한다.

물놀이 할 때 사용하는 튜브가 있다. 내 몸이 커다란 튜브가 되었다고 상상하자. 튜브를 다 사용하고 공기 뺄 때를 생각해보자. 공기를 넣었던 부분인 주입구로 공기를 뺀다. 이때 공기가 가득 차 있는 튜브의 불룩한 부분을 지긋이 눌러주면 '츠(쓰)~~' 소리를 내며 공기가 천천히 빠진다.

몸이 커다란 튜브다. 배에 공기가 가득 차서 배가 불룩해진 상태다. 배를 지그시 누르면 입을 통해 '츠쓰~~' 소리를 내면서 공기가 천천히 빠지는 것이다. 처음에는 쉽지 않다. 들숨을 하면서 의도적으로 배를 내밀어도 좋다. 그림으로 설명해보면 다음과 같다.

들숨	코: 공기를 흡입	날숨	입: 공기를 배출
	공기가 채워짐		공기가 빠져나옴
←	배가 나온다	→	배가 들어간다

익숙해질 때까지는 두 손으로 배를 지그시 눌러 튜브에서 공기를 뺀다는 느낌으로 해보자. 핵심적인 내용을 다시 한 번 정리해보자.

1) 코로 천천히 공기를 마신다.

　[주의] 급하게 한꺼번에 훅~~ 마시면 안 된다.

2) 배가 불룩하게 나온다.

　[주의] 가슴이 나오거나 어깨가 올라가면 안 된다.

3) 입으로 천천히 끝까지 공기를 뱉어낸다.

　[주의] 한꺼번에 '퐈~~' 하면서 뱉어내면 안 된다.

4) 배가 천천히 들어간다.

　[주의] 배가 한 번에 훅 들어가면 안 된다.

5) 살짝 현기증이 난다.

복식호흡이 제대로 된다면 순간적인 어지럼증이 생긴다. 공기를 끝까지 뱉어내어 내 몸속의 공기가 빠져나가면 뇌로 올라가는 공기가 순간적으로 부족하여 현기증이 생긴다. 현기증이 생겼다면 복식호흡이 제대로 되고 있다는 증거다.

어려워 마 두려워 마
아무것도 아니야 _〈넌 할 수 있어〉

• 어흥~시베리아 야생 수컷 호랑이

"기초 과정에서도 말했듯 기본을 익히지 않으면 결코 일정 수준 이상으로 갈 수 없다. 멀리 오래도록 뛰고 싶다면 워밍업을 충분히 해야 한다. 워밍업 없이 처음부터 전력으로 달려간다면 얼마 가지 못해 낙오하는 것은 불을 보듯 훤하다."

"나랏말ᄊᆞ미 듕귁에 달아 문자와로 서르 사맛디 아니할쎄

이런 전차로 어린 백성이 니르고져 홇ᄈᆡ이셔도

마참내 제 뜻을 시러펴디 몯ᄒᆞᇙ노미 하니라

내 이를 위하야 어엿비 너겨 새로 스믈여듧자를 맹가노니

사람마다 해여 수ᄫᅵ니겨 날로 ᄡᅮ메 뻔하ᇘ하고져 ᄒᆞᇙ따라미니라."

《훈민정음 언해본》 서문의 한 대목이다.

앞 장에서는 복식 호흡의 기본을 배웠다. 여기서는 심화된 방법

을 배워보자. 복식호흡의 핵심은 바로 공기와 소리를 같이 뱉어내는 것이다. 이 방법을 연습하기 위해 내 몸이 튜브인 듯 '츠~~' 소리를 내며 공기를 뱉어보았다.

지금부터는 복식호흡을 기본으로 목으로만 내는 소리가 아닌, 공기와 섞어서 내는 소리를 만들어보자.

고양이와 호랑이를 상상해보자. 고양이는 '야옹~' 하고, 호랑이는 '어홍~' 한다. 지금부터 내가 고양이와 호랑이가 되어 소리를 내는 것이다.

'야옹' 이라고 짧게 하는 것이 아니라 '야~오~옹~' 이라고 길게 하고, 마찬가지로 '어홍' 이라고 짧게 하는 것이 아니라 '어~~흐~~옹~~' 이라고 길게 해보자.

'야~아~옹~' 은 목으로만 내는 가벼운 소리다. '어~흐~옹~' 은 배에서부터 솟구쳐 올라오는 소리다. 호랑이 소리를 낼 때는 배와 목에 진동이 느껴지며 배가 움직인다. 단 어홍을 야옹처럼 귀엽게 하면 배가 움직이지 않는다.

호랑이답게 뱃속에서부터 끌어올려서 우렁차게 '어홍' 을 해보면 자연스럽게 배가 당겨지며 힘이 들어간다. 배에 있던 공기가 위쪽으로 올라가기 때문이다. 목을 통해 나올 때 공기와 소리가 섞이기 때문에 목 부분에 진동과 울림이 느껴진다. 반대로 '야옹~' 은 목과 혀로만 소리를 내기 때문에 배의 움직임 없이 가벼운 소리가 난다.

배 근육이 명치 쪽으로 바짝 조여 올라가게 되면 공기와 섞여서 소리가 난다. 진동이 있는 소리가 만들어지는 것이다. 배 근육을 움직이는 것이 핵심이다. 배가 움직이는 그 감각을 기억하고 항상 유념하여 실행해보자. 소리와 공기를 같이 뱉어내는 것을 실제 발음에 접목해보자.

지금부터 '카' 발음을 해보겠다. 입으로만 '카~' 하는 것이 아니다. 순간적으로 힘차게 '카!!' 뱉어내야 한다. 목이 막혀서 내는 '칵' 이 아니다. 소주를 마시고 나서 뱉는 '캬~~' 도 아니다. 짧지만 강하고 정확하게 단음으로 '카!' 라고 해보자. 배 근육이 순간적으로 움찔거리며 움직인다.

입으로만 가볍게 '카!' 라고 하면 공기가 섞이지 않기 때문에 배가 움직이지 않는다. 여기서 중요한 점은 배가 움직이는 방향이다. '카!' 라고 할 때 배가 나오는 게 아니다. '카!' 라고 하면서 배가 순간적으로 명치 쪽으로 올라붙어야 제대로 된 것이다.

배가 나오도록 하면서 '카!' 라고 해보고, 배 근육을 명치 쪽으로 올려붙이면서 카! 해보면 소리의 질이 달라짐을 느낄 수 있다.

눈으로만 읽지 말고 직접 해야 한다. 매번 강조하지만 스피치는 내 입으로 직접해야 한다. 골프나 수영을 책으로 읽기만 해서 할 수 있을까? 머릿속에 있는 이론을 바탕으로 내 몸으로 직접 해야 내 것이 된다. 스피치는 반드시 내 입으로 직접 해야 한다.

'카' 연습을 통해 배 움직임공기 뱉기, 복식 호흡에 느낌이 오면 다음은 '타' 이다. 배가 움직여야 하는 것을 절대 잊어서는 안 된다.

'타' 는 우주선이 발사되듯 한 번에 뱉어야 한다. 혀끝에 힘을 주고 입천장에 대고 있다가 힘차게 뱉어낸다. 혀를 신경 쓰다가 배를 놓쳐서는 안 된다. 복식 호흡을 통한 배 움직임은 기본으로 장착하고 발음 연습을 해야 한다.

혀도 신체 근육중 하나다. 헬스클럽에서 바른 자세로 운동하는 것을 강조하듯 바른 방법으로 혀 근육을 사용해야 정확한 발음이 만들어진다.

나는 큰 행사를 진행하고 나면 몸살로 앓아눕는 경우가 있다. 혀 근육이 아프기 때문이다. 두세 시간 넘도록 사회를 보며 행사를 진행하면 혀에 근육통이 온다. 그만큼 정확한 발음을 위해 노력하기 때문이다.

'카' 와 '타' 연습이 익숙해지면 다음은 '파' 이다. 잊지 말자. 배움직임은 기본이다.

'파' 는 두 입술을 마주 대고 있다가 폭발하듯 뱉는다. 준비 자세에서는 입술에 잔뜩 힘을 주고 있다가 소리를 낸다. 준비 자세에서 입술에 힘이 들어가지 않고 가볍게 내는 소리가 아니다. 힘차게 뱉어내기 위해서는 반드시 발음하기 전에 들숨이 필요하다.

'파' 발음을 정확하게 하려면 무의식중 짧은 순간 숨을 들이마신다. 이후 공기를 뱉어내며 '파~' 한다. 들숨 없이 '파' 하는 것과 들숨 이후 '파' 하는 것 두 가지를 비교하며 연습해보자. 들숨 이후 발음하는 것이 정확하고 힘있게 발음이 된다. 본 동작에 앞선 준비 동작이 정확해야 본 동작이 정확하게 나온다.

숨호흡, 배, 혀, 입술 모든 것을 신경 쓰며 발음하려면 매우 어렵고 힘들다. 그만큼 지금까지 아무 생각 없이 발음했다는 것이다.

'카' , '타' , '파' 를 정확하게 발음하기 위한 연습이 제대로 되었다면 지금쯤 물을 마시고 싶고 혀가 얼얼해야 한다. 혀가 얼얼하지 않다면 제대로 연습하지 않았다는 반증이다. '나는 말을 잘하고 싶을 뿐이다. 이따위 힘든 연습이 무슨 의미가 있다고 자꾸 연습하라 하느냐?' 는 의문이 들더라도 참고 따라와야 한다.

기초 과정에서도 말했듯 기본을 익히지 않으면 결코 일정 수준 이상으로 갈 수 없다. 멀리 오래도록 뛰고 싶다면 워밍업을 충분히 해야 한다. 워밍업 없이 처음부터 전력으로 달려간다면 얼마 가지 못해 낙오하는 것은 불을 보듯 훤하다. 따분하고 힘들겠지만 기본부터 차근차근 내실 있게 연습해야 한다.

이번에는 '하' 다. 이제 어느 정도 예상이 된다. 들숨 이후 배 근육을 올려붙이면서 '하!' 하는 것이다. '하' 는 입안 뒤쪽에서 밀어내듯 발음한다. 카, 타, 파에 비해서 확연하게 공기가 밀고 나오는 것이 더 느껴진다. 발음상 차이와 공기의 흐름이 느껴진다면 연습이 제대로 된 것이다.

지금까지 배운 것을 한꺼번에 연습해보자. '카', '타', '파', '하' 를 순서대로 한 음씩 끊어서 발음해보자.

카!쉼, 타!쉼, 파!쉼, 하!쉼… [5회 반복]

머릿속에는 항상 들숨호흡, 배, 혀, 입술에 유념해야 한다. 지금까지 의식하지 않고 편한 대로 발음했기 때문에 결코 쉽지 않다. 그렇기 때문에 제대로 연습해야 한다.

다음은 연속해서 발음해보자. 앞선 방법과 달리 각 음절마다 쉼을 두지 않고 연속해서 한 호흡으로 '카타파하' 를 발음한다.

카!타!파!하! … [5회 반복]

마찬가지로 들숨호흡, 배, 혀, 입술에 유념하자. 발음 하나를 할 때마다 4가지숨, 배, 혀, 입술를 정확하게 하겠다는 생각을 항상 머릿속에 가지고 연습해야 한다.

위의 연습을 하고 나면 혀, 입볼, 배가 몸살 나듯 아프다. 평소 운동을 안 하다가 갑자기 운동을 하면 여기 저기 아픈 것과 같다. 발음을 하느라고 평소 사용하지 않은 근육을 사용했기 때문에 아프고 얼얼한 것이다.

지금까지 연습한 것을 기본으로 다음 발음표를 천천히 정확하게 읽으며 연습해보자. 지금까지 생각 없이 읽었을 때와는 확연히 다르다는 것을 느낄 수 있다.

가로가갸거겨…, 세로가나다라…, 역 세로하파타카…, 역 가로귀괴개게…, 대각가냐더려… 등 다양한 방향으로 연습하면 더욱 효과적이다.

3장 첫 번째 리얼리티 스톤 - 리허설은 실전처럼

가	갸	거	겨	고	교	구	규	그	기	게	개	괴	귀
나	냐	너	녀	노	뇨	누	뉴	느	니	네	내	뇌	뉘
다	댜	더	뎌	도	됴	두	듀	드	디	데	대	되	뒤
라	랴	러	려	로	료	루	류	르	리	레	래	뢰	뤼
마	먀	머	며	모	묘	무	뮤	므	미	메	매	뫼	뮈
바	뱌	버	벼	보	뵤	부	뷰	브	비	베	배	뵈	뷔
사	샤	서	셔	소	쇼	수	슈	스	시	세	새	쇠	쉬
아	야	어	여	오	요	우	유	으	이	에	애	외	위
자	쟈	저	져	조	죠	주	쥬	즈	지	제	재	죄	쥐
차	챠	처	쳐	초	쵸	추	츄	츠	치	체	채	최	취
카	캬	커	켜	코	쿄	쿠	큐	크	키	케	캐	쾨	퀴
타	탸	터	텨	토	툐	투	튜	트	티	테	태	퇴	튀
파	퍄	퍼	펴	포	표	푸	퓨	프	피	페	패	푀	퓌
하	햐	허	혀	호	효	후	휴	흐	히	헤	해	회	휘

심화 과정으로 접어들어서 기초 과정과는 달리 따분하고, 심지어 몸도 힘들다. 여기서 멈추면 안 된다. 달변가가 되어 있는 자신을 상상하며 다음 단계로 가보자.

대화할 때 절대로 하지 말아야 할 말

세미나, 대화나 토론은 서로의 공감대를 높이거나 문제를 해결하자고 하는
것이다. 그런데 많은 경우 문제를 해결하기보다는 문제를 더 꼬이게 하거나
키우고 만다. 왜 그럴까. 서로 해서는 안 되는 말을 하기 때문이다. 그렇다면
대화에서 절대로 하지 말아야 할 말은 뭘까?

1. "~하지만"은 대화를 말싸움으로 바꾸는 도화선이다
상대방의 말허리를 가로채서 자꾸 "하지만, 그게 아니고요" 하는 식으로 부정
하게 되면 대화는 그 자리에서 한 발자국도 나가지 못한 채 서로 감정만 상하
게 된다. "하지만"은 무의식중에 문제의 모든 원인을 상대방에게 돌리는 말
버릇으로 상대방의 반감을 산다.

2. 사후약방문 같은 말은 불난 데 부채질을 할 뿐이다
사람들은 대개 실수를 저지른 사람에게 즉시 "이렇게 했어야지!" 하고 훈계
를 일삼고야 만다. 그러잖아도 자신에게 화가 나 있는 상대방의 마음에 불을
지를 뿐이다. 돌이킬 수 없는 실수를 한 사람에게는 훈계가 아니라 격려와 위
로 그리고 무엇보다 도움이 필요하다. 성패를 떠나 그 경험을 소중하게 사용
한다면 그 어떤 잘못도 시간 낭비는 아니다.

3. 명령하는 말은 상대방의 마음을 닫게 한다
명령하는 말을 듣고 좋아할 사람은 아무도 없다. 지위가 갖는 위력 때문에 마
지못해 따르는 것이지, 당신에게 동의해서 따르는 것은 아니다. 자기 의지에

반헤 설득당한 척했다면, 그것은 설득당한 것이 아니다.

4. '문제' 라는 말은 또 다른 문제를 일으킨다

별문제가 없는데도 '문제' 라는 말을 버릇처럼 쓰다 보면 모든 것이 문제투성이가 되고 만다. 우리는 사물을 있는 그대로 보지 못하고 자기 상황과 편리에 따라 달리 보기 때문에 주위가 늘 문제로 보이기 쉽다. 가진 연장이 망치밖에 없으면, 모든 문제를 못으로 보게 된다.

5. 극단적인 표현은 돌아와서 나를 해친다

극단적인 표현은 극단적인 반응을 유발할 뿐이다. 비록 진실에 기반을 둔 말일지라도 극단적인 표현은 과장되게 마련이며, 상대방을 분노하게 할 뿐이다. 과유불급(過猶不及)이다. 매사 지나침은 부족함만 못하다.

타임 스톤

최적의
타이밍을
찾아라

•

말하는 대로 될 수 있단 걸
믿어보기로 했지 _〈말하는 대로〉

• 정리가 되어야 제대로 된 말이다

> "행동하고 나서 하는 생각은 대부분 후회, 아쉬움, 뉘우침, 한탄 같은 것들이다. 생각하고 행동하면 성취감, 만족감, 뿌듯함, 행복감 같은 것들이 생긴다. 말 또한 마찬가지다. 말부터 하고 생각하면 후회, 아쉬움, 한탄이 생긴다. 생각하고 나서 말하면 성취감, 만족감, 행복감이 생긴다."

1) 쌓아두지 마라.

2) 분류가 필수다.

3) 꺼내기 쉬워야 한다.

4) 습관화해야 한다.

5) 활용이 생명이다.

유영택이 《정리의 스킬》에서 제시한 '자료 정리의 5원칙'이다.

다음 그림을 순간적으로 스치듯 보자. 분석이라도 하듯 자세히

보면 안 된다. 휙~ 스쳐보고 책을 덮는다. 그러고는 2~3초 후에 다음 문단을 읽어보자.

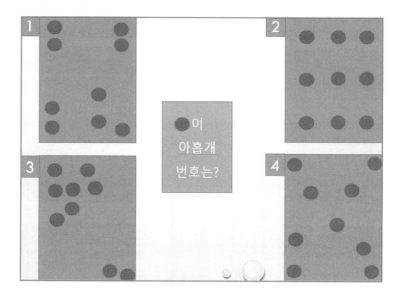

둥근 점이 9개인 구역은 몇 번인가? 이제 다시 앞으로 가서 그림을 천천히 살펴보자. 네 구역 모두 9개의 점으로 구성되었다. 그러나 순간적으로 보면 대부분 2번이라고 대답한다. 단순 나열과 정리의 차이 때문에 이런 현상이 나타난다.

정리 이전의 상태를 나열羅列이라고 한다. 잘 정리된 말은 상대의 뇌리에 오래도록 기억된다. 정리되지 않은 말, 즉 나열된 말은 전혀 기억에 남지 않는다. 무질서하게 나열된 말은 도무지 무슨 말을 하는지 알 수 없다.

깔끔하게 정리정돈이 잘된 방을 보다가, 온갖 잡동사니로 난장판이 된 방을 보면 인상이 찌푸려지며 짜증이 난다. 말도 그렇다. 온갖 미사여구를 다 붙여봐야 정리되지 않은 말은 짜증을 유발시킨다. 명심해야 한다.

"뒤죽박죽 나열하지 않고 깔끔하게 정리해야 말이다."

말을 정리하기 위한 가장 좋은 방법은 말을 하기 전에 글로 써보기다. 글쓰기는 녹화 방송이지만, 말하기는 생방송이다. 생방송에 앞서 쓰고 지우고 고치며 글로 써보자. 문맥에 맞는지 쓰면서 읽어보고 더 좋은 다른 단어로 바꿔보자. 훨씬 다듬어지고 정제된 말하기가 가능해진다.

그러나 즉흥적으로 말해야 하는 순간에는 글로 써볼 여유가 없다. 그래서 평소에 말하기에 앞서 글로 써서 정리하는 습관을 가져야 한다. 여기서 중요한 점이 있다. 글을 쓸 때 가급적 단문으로 짧게 써야 한다. 한 문장은 최대한 짧게 써서 마침표(.)로 마무리하고 다음 문장을 써야 한다. 문장을 도저히 마칠 수 없다면 쉼표(,)를 활용하여 문장을 쉬어가게 만들어야 한다. 정리하지 못하고 말을 할 경우 다음과 같이 된다.

만 75세 이상 어르신과 노인시설 이용·입소자의 신종 코로나
19 백신 2차 접종이 22일 시작되었는데 코로나19 예방접종 대
응추진단에 따르면 이날부터 전국 예방접종센터에서 일반 75
세 이상 등에 대한 화이자 백신 2차 접종이 시행되고 화이자
백신은 3주 간격으로 2번을 맞아야 하는데 75세 이상과 노인
시설 이용·입소자에 대한 1차 접종은 지난 1일 시작돼 이날
로 3주째를 맞았고 이날 0시 기준으로 75세 이상 총 349만
6,793명 가운데 60만3,862명이 백신을 맞아 접종률은 17.3%이
고 노인시설 이용·입소자를 포함해 예방접종센터 접종 대상
자 총 16만2,916명 중에서는 9만7,845명이 백신을 맞아 60.1%
의 접종률을 보였다고 합니다.

몇 군데 마침표를 추가하여 조금만 정리해보자.

만 75세 이상 어르신과 노인시설 이용·입소자의 신종 코로나
19 백신 2차 접종이 22일 시작되었습니다. 코로나19 예방접종
대응추진단에 따르면 이날부터 전국 예방접종센터에서 일반

75세 이상 등에 대한 화이자 백신 2차 접종이 시행되고 있습니다. 화이자 백신은 3주 간격으로 2번을 맞아야 합니다.

75세 이상과 노인시설 이용·입소자에 대한 1차 접종은 지난 1일 시작돼 이날로 3주째를 맞았습니다. 이날 0시 기준으로 75세 이상 총 349만6,793명 가운데 60만3,862명이 백신을 맞아 접종률은 17.3%로 나타났습니다. 노인시설 이용·입소자를 포함해 예방접종센터 접종 대상자 총 16만2,916명 중에서는 9만7,845명이 백신을 맞아 60.1%의 접종률을 보였습니다.

글로 써보는 리허설 없이 생방송으로 말을 하면 전자처럼 말하기가 쉽다. 그러나 미리 글로 써보면 전자처럼 쓰기가 아주 어색하다. 글로 써보면 후자처럼 쓰게 된다. 글로 쓰면서 전자처럼 쓰는 경우는 거의 없다. 당연히 정리된 후자 말이 전달이 잘된다.

중언부언하면 도무지 무슨 말인지 알 수가 없다. 대개의 경우 문장을 마무리하지 못하기 때문이다. '문장을 마무리한다. 새로 시작한다.' 이것만 잘해도 말을 잘한다는 느낌을 준다. 그러려면 말하기에 앞서 써보기 연습을 해보자. 꾸준히 연습해보면 다음 단계를 거치게 된다.

1단계: 말하기 전에 전체 내용을 글로 써서 정리해본다.

2단계: 말하기 전에 핵심 단어만 쪽지에 적어서 정리해본다.

3단계: 말하기 전에 필기 없이 머릿속으로 정리해본다.

4단계: 말하기 전에 즉흥적으로 정리해본다.

4단계까지 가려면 1단계부터 꾸준히 연습해야 한다. 강원국 작가의 《대통령의 글쓰기》를 읽어보면 1분 남짓의 짧은 말연설을 하기 위해 얼마나 뼈를 깎는 노력으로 연설문을 쓰는지 알게 된다. 아마추어인 우리는 말을 하기 위해서 얼마나 더 많은 노력을 해야 할까?

연습은 따분하고 힘이 든다. 우공이산愚公移山, 우보천리牛步千里의 정신으로 조급해하지 말고 기초부터 차근차근 연습해보자. 저 연습은 꾸준히 하는 걸로 믿고 실전 연습을 해보자. 말을 정리하는 가장 쉬운 방법부터 하겠다. 정리의 만능 키워드가 있다.

[키워드] 두 가지, 세 가지

말머리에 이 문구를 넣어서 말을 해보자.

제가 앞으로 하고 싶은 일 '두 가지만' 말씀드리겠습니다.

제 소개를 '세 가지' 단어로 해보겠습니다.

사장인 제가 '두 가지'는 확실하게 약속드리겠습니다.

이 제품의 장점을 '세 가지'로 설명하겠습니다.

어느 문장이나 말이건 다 가능하다. 내 입으로 '두 가지' 또는 '세 가지'를 말한다고 먼저 선포한다. 그러면 "첫째, ~입니다. 둘째, ~입니다. 셋째, ~입니다. 이상으로 발표를 마치겠습니다. 감사합니다." 하는 식으로 물 흐르듯 연결이 된다.

이 방법에는 두 가지 장점이 있다.

첫째, 말하는 과정에서 나 스스로 자연스럽게 정리가 된다.

둘째, 듣는 이의 집중도가 훨씬 높아진다. 언제 끝날지 모르는 지루한 강의와 끝날 시간이 예상되는 영화, 어느 쪽이 더 집중하기 좋을까?

내가 하는 말이 정리되지 않았는데 듣는 사람이 정리하면서 들을 수는 없다. 세 가지로 요약해서 말한다고 먼저 제시하면 듣는 이는 '딱 세 가지만 들으면 되겠구나', 라는 생각에 집중해서 듣는다. 반면 저런 언급 없이 계속 말이 이어진다면 언제 끝날지 모르기 때문에 집중도는 현저하게 낮아진다.

4장 타임 스톤-최적의 타이밍을 찾아라

듣는 이의 집중도가 낮아질수록 말하는 이도 함께 힘겨워진다. 내가 편한 상태에서 말하고 싶거든 듣는 이가 최대한 나에게 집중하도록 해야 한다.

이때 오른 손가락을 두 개 또는 세 개로 펼쳐서 얘기하면 더욱 좋다. 왼손은 앞서 배웠듯이 원고를 쥐고 있거나 마이크를 쥐어야 하므로 오른손을 사용하자. '세 가지'를 말할 때 오른 손가락을 펼쳐 보이는 연습을 같이 해보자.

다만, 두 가지, 세 가지가 가장 좋다. 부득이한 경우 네 가지까지도 가능하다. 하지만 다섯 가지, 여섯 가지, 일곱 가지는 안 된다. 네 가지 이상을 벗어나면 듣는 이는 집중하는 것이 아니라 얕은 한숨과 함께 '어휴~ 언제 끝나려나?'라는 생각으로 좌절한다. 세 가지가 가장 무난하다.

말하기에 앞서 세 가지로 말해야겠다고 생각하고 준비하면 딱 세 가지로 생각을 정리할 수 있다. 무작정 말할 때보다 훨씬 말하기가 쉬워진다.

말하기에 앞서 글로 써서 정리할 때 두 가지 또는 세 가지를 적용해서 써보면 아주 잘 정리된 글이 된다. 그 글을 말로 옮기면 매우 훌륭한 말하기가 가능하다.

세상을 사는 사람은 두 가지로 구분된다. 생각하며 행동하는 사람, 행동하고 나서 생각하는 사람이다. 망나니처럼 사는 사람을 흔히들 '생각 없이 사는 놈' 이라 비하한다. 실은 그 사람도 생각이 없는 것은 아니다. 생각하고 행동하는 것이 아니라 행동하고 나서 생각할 뿐이다.

행동하고 나서 하는 생각은 대부분 후회, 아쉬움, 뉘우침, 한탄 같은 것들이다. 생각하고 행동하면 성취감, 만족감, 뿌듯함, 행복감 같은 것들이 생긴다. 말 또한 마찬가지다. 말부터 하고 생각하면 후회, 아쉬움, 한탄이 생긴다. 생각하고 나서 말하면 성취감, 만족감, 행복감이 생긴다.

인생은 단순하다. 복잡한 건 내 머릿속이다. 말 또한 단순하다. 말하려는 내 머릿속이 복잡할 뿐이다. 말하기에 앞서 10초 남짓, 아니 찰나의 순간이라도 생각을 먼저 하고 말하는 습관을 길러보자.

•

니가 보는 지금의 나의 모습
그게 전부는 아니야 _〈맨발의 청춘〉

• PREP. 누구냐? 넌!

"취사선택하고 군더더기를 버릴 줄 아는 것이 능력이다. 말을 못하는 사람일수록 버려야 되는 말을 버리지 못하고 붙잡고 있다. 줄이고 요약해서 꼭 필요한 말만 하는 이가 진정 말을 잘하는 사람이다."

"힘 있는 글은 간단하다. 문장에 불필요한 단어가 없다. 그것은 마치 훌륭한 그림에 불필요한 선이 없고, 훌륭한 기계에 불필요한 부품이 없는 것과 같다."

전설적인 스테디셀러 《글쓰기의 요소》 저자이자 영문학자 윌리엄 스트렁크의 문장론이다.

내가 스승으로부터 배운 스피치에 관한 격언이 있다.

"말은 형식이 내용을 지배한다."

말하기에서 많은 사람이 크게 착각하는 것이 하나 있다. 전문 용어, 어려운 단어, 영어나 외국어를 많이 사용하면 말을 멋있게 잘하는 것이라고 생각하는 것이다.

말하기의 목적은 무엇인가? 내 지식과 생각을 과시하는 것인가? 듣는 이에게 내 생각을 전달하는 것인가? 아무리 좋은 내용이라도 듣는 이가 제대로 듣지 못한다면 말은 그저 소음에 불과하다. 말은 듣는 이가 없다면 아무런 존재 가치도 없다.

그러므로 말은 말하는 이의 입장이 아니라 듣는 이의 입장에서 해야 한다. 듣는 이가 제대로 듣는 것은 말하는 이가 얼마나 제대로 말했느냐에 달려 있다.

그런데 많은 이들은 철저하게 자기 입장에서 말한다. 말을 많이 하면 말을 잘한다고 생각한다. 그저 떠들어댄다. 그러면서 말을 잘한다는 착각에 빠진다. 말은 '몇 분 동안 말했느냐'의 양이 중요한 게 아니라, '단 한 단어라도 듣는 이가 이해하고 납득했느냐'는 질의 문제다.

질의 문제를 양으로 덮어버리려 한다. 말을 많이 하다 보니 좋은 말, 멋있는 말, 각종 미사여구가 동원된다. 문장이 끝나지 않고 중언부언하는 악순환이 나타난다. 했던 얘기를 또 한다. 그러니 툭하면 이렇게 묻는다.

"내가 무슨 말 하다 이 얘기를 하지요?" 말하는 주제를 잊어버린 것이다. 똑같은 인사말 하나로 30년을 버티는 경우가 생긴다.

말은 형식만 잘 갖추면 설령 내용이 다소 빈약하더라도 효과적으로 전달된다. 말에 대한 두려움을 상쇄하고자 말의 양을 늘리려 하지 말자. 말의 형식을 먼저 만들려 노력하고 연습해야 한다.

앞 장에서 배운 대로 말을 정리하는 습관을 갖추게 되면 나만의 스타일로 말의 형식을 만들 수 있다. 여기서는 또 다른 방법으로 말의 형식을 만들어보자.

기차는 10여 개의 객차가 연결되어 움직인다. 객차가 아무리 많아도 각 객차를 잘 연결하면 하나의 움직임으로 기차는 달려간다. 각각의 객차는 '연결기' 라는 부품으로 연결된다. 만일 연결기가 없다면 기차는 하나가 아니라 각각의 객차가 따로 분리되어 움직이게 된다.

1번부터 10번까지 각각의 객차가 내가 해야 할 말의 내용이다. 말의 내용이 아무리 좋아도 각각의 내용이 연결되지 않으면 따로 움직이는 기차가 된다. 처음부터 끝까지 일목요연하고 깔끔하게 말이 정리되려면 연결이 되어야 한다. 기차가 각각의 객차를 연결기로 연결하듯 스피치에도 연결기가 있다.

지금부터Point

왜냐하면Reason

예를 들어Example

지금까지Point

PREP이라 말하기도 한다. 가장 기본적인 패턴은 다음과 같다.

'지금부터' ○○에 대해 말씀드리겠습니다.

'왜냐하면' ○○했기 때문입니다.

'예를 들어' ○○이 있습니다.

'지금까지' ○○에 대해 말씀드렸습니다.

회사 워크숍에서 한 참여자가 이번 주말 계획에 대해 발표한 내용이다.

김철수입니다. 저는 이번 주말에는 날씨가 좋다고 해서 가족들과 캠핑을 할 생각입니다. 일기예보에서도 모처럼 날씨가 좋다고 하더라고요. 주말에 아빠랑 같이 놀고 싶다는 아이들한테 늘 미안했습니다. 항상 '아빠 피곤해' 라고 하면서 귀찮아하며 계속 가지 못 했거든요. 다녀오면 피곤하긴 하지만 이번엔 아빠 노릇 제대로 한번 해 보려고요. 감사합니다.

비슷한 내용을 PREP을 활용해서 바꿔보자.

김철수입니다. '지금부터' 이번 주말 계획에 대해 말씀드리겠습니다. 이번 주말에는 가족들과 캠핑을 할 생각입니다. '왜냐하면' 모처럼 날씨가 좋다는 일기 예보를 보았기 때문이죠. 주말에 아빠랑 같이 놀고 싶다는 아이들한테 항상 미안했습니다. '예를 들어보면', '아빠 피곤해' 라고 하면서 귀찮아했거든요. 다녀오면 피곤하긴 하지만 이번엔 아빠 노릇 제대로 한번 해보려고요.
'지금까지' 이번 주말 계획에 대해 말씀드렸습니다. 감사합니다.

회사 실적 발표회에서 프레젠테이션을 하는 상황을 보자.

삼진물산 영업부 부장 김삼진입니다. 보고 시작하겠습니다. 1사분기는 잘 아시다시피 코로나로 인해 레저 분야에서 막대한 영업 손실이 있었습니다. 회사 창설 이래 최대의 손실이 예상되고 있습니다. 특히나 유럽 쪽 손실이 막대하다고 하는데 오늘 이 자리에서 임원님들의 의결이 필요합니다. 2사분기에는 유럽 지사 철수를 고려해봐야 할 것 같습니다. 경쟁 회사인 이화물산에서는 이미 유럽 지사 철수를 결정했다고 합니다. 우리 회사에서도 미리 대비를 해야 3사분기, 4사분기 손실을 최소화할 것 같습니다. 이것으로 발표를 마치겠습니다.

PREP을 추가해보자.

삼진물산 영업부 부장 김삼진입니다.
'지금부터' 1사분기 실적 및 2사분기 계획을 보고 드리겠습니다.
1사분기는 회사 창설 이래 최대의 손실이 예상되고 있습니다.
'왜냐하면' 코로나로 인해 레저 분야에서 막대한 영업 손실이 있었기 때문입니다. 오늘 이 자리에서는 임원님들의 의결이 필요합니다. '왜냐하면' 특히나 유럽 쪽 손실이 막대하기 때문에, 그 영향으로 2사분기에는 유럽 지사 철수를 고려해봐야 하기 때문입니다.
'예를 들어' 경쟁 회사인 이화물산에서는 이미 유럽 지사 철수를 결정했다고 합니다. 우리 회사에서도 미리 대비를 해야 3사분기, 4사분기 손실을 최소화 할것 같습니다.

'지금까지' 1사분기 실적 및 2사분기 계획을 보고 드렸습니다.

이것으로 발표를 마치겠습니다.

어느 쪽 말이 정리되었는가? PREP 활용 예를 들기 위해 가급적 원문을 그대로 살리고 PREP만을 추가했기 때문에 문맥이 다소 어색한 것은 논외로 하자. 여기서는 PREP을 추가하여 말의 형식을 만드는 것에 집중하자.

문맥과 상황에 맞도록 조금 더 다듬어보면 더 훌륭한 보고가 될 것이다. 예정된 발표이기 때문에 김철수 씨와 김삼진 부장은 발표 내용을 미리 글로 써서 연습했다면 추가, 삭제, 수정의 과정을 거쳐 더 좋아질 수 있다.

이제 회사 사장님의 시무식 인사말을 한번 살펴보자.

존경하고 사랑하는 삼진물산 직원 여러분, 사장 박지성입니다.

금년도 우리 회사가 나아갈 길에 대해 말씀드리겠습니다. 작년에는 유례없는 코로나로 인해 다들 힘들었습니다. 회사 창설 이래 최대의 손실이 발생되어 많이 힘들었습니다. 여러분의 노력과 희생 덕분에 지금 이 자리까지 오게 되어 감사합니다.

1997년도 IMF로 회사가 부도나기 직전 어렵고 힘들었던 그때가 생각나더군요. 지금 부사장님이신 차범근 당시 부장님과 하청 받던 회사 로비에서 밤을 새며 우리 삼진물산을 살려달라고 애원했었는데 말이죠.

일주일을 집에 못 들어가고 회사 살려보고자 같이 애쓰던 것이 엊그제 같은데 벌써 20년 전이네요. 저는 그때도 힘들었지만 차 부사장님과 함께 전 직원이 똘똘 뭉쳐서 이겨냈습니다. 참 그때만 생각하면 아찔합니다.

그때만큼이나 지금 우리 회사가 힘든 시점입니다. 그러나 저는 자신 있습니다. 우리 회사, 결코 무너지지 않습니다. 전쟁터를 누비며 이 성과를 이루어낸 전우와도 같은 임원들이 있으니 이겨낼 것입니다. 막걸리 잔을 부딪치며 이 회사 살려냈습니다. 이럴 때일수록 사장인 저부터 열심히 하겠습니다. 저는 여러분을 믿고 끌고 가겠으니, 여러분도 저를 믿고 따라와 주십시오. 어렵고 힘든 시기지만 금년 한해 다함께 이겨내봅시다.

감사합니다.

PREP을 추가하고 군더더기를 빼보자.

존경하고 사랑하는 삼진물산 직원 여러분, 사장 박지성입니다.

'지금부터' 2021년도 회사 운영 계획을 말씀드리겠습니다.

작년에는 회사 창설 이래 최대 손실로 많이 힘들었습니다.

'왜냐하면' 바로 코로나 때문이었습니다.

우리 회사도 어려운 시절이 참 많았습니다.

'예를 들면' 1997년 IMF 때였습니다. 그때만큼이나 어렵고 힘든 시점입니다.

여러분! 사장인 저를 믿고 따라와 주십시오.

'지금까지' 삼진물산 사장 박지성이었습니다. 감사합니다.

박지성 사장이 인사말에서 진정 말하고 싶은 핵심은 무엇인가? "코로나로 힘들지만 사장을 믿고 따라와달라"는 것이다. 앞선 사례는 전형적인 갑질하는 인사말이다. 주저리주저리 옛날 얘기부터 자신의 무용담을 늘어놓는 동안 정작 진짜 하고 싶은 핵심 내용은 희석된다.

말은 많이 하는 것이 아니라 핵심을 말하는 것이 중요하다. 핵심만 '잘' 말하려면 PREP을 활용해야 한다. 군더더기는 버려야 한다. 말을 많이 오랫동안 떠들어대는 건 아주 쉽다. 하지만 핵심만 요약해서 '잘' 하기는 아주 어렵다.

취사선택하고 군더더기를 버릴 줄 아는 것이 능력이다. 말을 못하는 사람일수록 버려야 되는 말을 버리지 못하고 붙잡고 있다. 줄이고 요약해서 꼭 필요한 말만 하는 이가 진정 말을 잘하는 사람이다.

지금까지 낭독과 입으로 소리 내어 연습했으니 지금부터는 글로 쓰는 연습을 해보자.

위의 첫 번째 사례인 주말에 캠핑 가기로 한 김철수의 발표 내용을 PREP을 활용하되 군더더기를 최대한 빼고 원고를 작성해보자. 두 번째 사례인 김삼진 부장의 발표 내용도 핵심만 요약해서 원고를 다시 손보자.

내가 김철수나 김삼진이 되고 박지성이 되어 원고를 수정해보자. '왜냐하면'과 '예를 들어'의 순서는 바뀌어도 관계없다. 또한 앞에서 배운 두 가지나 세 가지를 포함해서 원고를 쓴다면 더욱 좋다.

쓰고 지우고 바꾸고 고치는 연습을 자꾸 해야 말하기 능력이 발전한다.

못 찾겠다 꾀꼬리 꾀꼬리 꾀꼬리
나는야 오늘도 술래 _〈못찾겠다 꾀꼬리〉

• 눈이 아니라 입으로 제대로 읽어보자

"큰맘 먹고 주말에 몰아서 서너 시간씩 연습하는 것보다 하루도 빠지지 않고 매일 10분씩 연습하는 것이 훨씬 효과적이다. 일부러 뭉텅이 시간을 내서 연습하기보다는 짬이 나는 대로 틈틈이, 더 바람직하게는 일상에서 말을 할 때마다 의식하면서 연습해야 한다. 평소 말하기에 앞서 정확한 발음을 생각하고 문맥을 고민하고 최적의 단어를 배치하려고 노력해야 한다."

"소리 내어 읽어라. 문장들의 리듬이 괜찮은지 확인하는 길은 그 방법뿐이다. 산문의 리듬은 너무 복잡하고 미묘해서 머리로는 알아낼 수 없다. 귀로 들어야만 바로잡을 수 있다."

영국 출판계의 전설적인 편집자 다이애나 애실이 《소설 집필의 열 가지 법칙》에서 말한 문장론이다.

대중 앞에서 말하기가 어려울 때 나타나는 두 가지 현상이 있다.

첫째, 말하는 속도가 굉장히 빨라진다. 둘째, 발음이 불분명해진다.

마음이 초조하고 불안하다. 조급하고 여유가 없다. 이 상황에서 빨리 벗어나고 싶다. 최대한 빨리 말하고 끝내고 싶다. 빠르게 읽다 보니 발음 또한 불분명해진다.

밤섬 봄 벚꽃 놀이는 낮 봄 벚꽃 놀이보다 밤 봄 벚꽃 놀이가 더 좋다.
한강 강나루 큰 강 강나루 동강 강나루 맑은 강나루
강원 강릉 특허 허가과 허가 과장 허 과장
한국관광공사 곽진광 관광과장님
홍상삼 선수 3삼진을 잡아냅니다.
작년에 온 솥 장수는 헌 솥 장수, 금년에 온 솥 장수는 새 솥 장수

위 예시처럼 읽기 어려운 문장 읽기를 시켜본다. 눈으로 슬쩍 보아도 어렵게 느껴진다. 대충 읽고 빨리 지나가려 한다. 읽는 속도가 빨라진다. 어려운 문장을 빨리 읽고 잘 읽었다고 대견해한다. 멋쩍은 웃음을 짓는다.

말은 많이 하기보다 잘 해야 하듯이, 읽기 어려운 문장은 빨리

읽는 것이 아니라 정확하게 잘 읽어야 한다.

처음에는 '밤/섬/봄/벚/꽃/놀/이' 처럼 한 글자씩 천천히 읽어보자. 그 다음 '밤섬/봄/벚꽃/놀이' 처럼 한 단어씩 천천히 읽는다. 어느 정도 익숙해지면 속도를 조금 높여도 좋다.

읽기 어려운 문장에는 특징이 있다. 동일하거나 비슷한 단어의 반복이다. 특정 단어에서 잘못 읽으면 다음 반복되는 단어에서 또 발음 실수가 나타난다. '앞에서도 틀렸는데 또 틀리면 어쩌지' 하는 조급함에 더 실수하게 된다.

말을 잘하려면 잘 읽어야 한다. 읽기는 말하기를 위한 리허설이다. 잘 읽을 줄 알아야 잘 말할 수 있다. 앞서 언급한 대로 눈으로 읽는 묵독이 아니라 입으로 읽는 낭독을 해야 한다. 말하기를 눈으로 할 수는 없지 않는가?

글 읽기에서 정확하게 읽어도 막상 실전에서 말하면 실수가 나올 수 있다. 그렇기 때문에 실전 말하기에 앞서 실전 읽기가 반드시 필요하다.

단, 전제 조건은 '빨리 읽기' 가 아닌 '정확하게 읽기' 다. 정확하게 읽기 위해서는 천천히 읽어야 한다. 또한 바른 자세, 정확한 시선, 올바른 호흡이 병행되어야 정확하게 읽기가 가능하다.

이번에는 아주 흔하게 틀리지만 틀렸다는 사실조차도 인지하지 못하는 틀리기 쉬운 발음에 대해 알아보겠다. 가장 먼저 '의' 발음 이다.

다음의 예시에서 '의'는 어떻게 읽어야 할까?

발음에 유의하며 읽어보자.

○ 첫 음절인 경우 [음가] 으이 [예시] 의사, 의문, 의형제
○ 첫 음절이 아닌 경우 [음가] 이 [예시] 거의, 본의, 강의실
○ 소유격 조사인 경우 [음가] 에 [예시] 나의, 우리의, 한국의

의는 [으이] [이] [에] 세 가지로 발음된다. 여기서 중요한 점은 어떤 경우에도 [의]로 발음되지 않는다는 것이다. [으사]가 아니라 [으이사]다. [거으 업따]가 아니라 [거이 업따], [나으 다짐]이 아니라 [나에 다짐]이다.

어떤 문장을 읽어보면 예상외로 많은 부분에서 '의' 자가 나타난다. '의' 한 글자라도 인지하며 읽어보자. 아울러 '의'를 말할 때 주의해서 발음해보면 전달력이 월등히 좋아진다. '의'의 발음에 주의하면서 다음 예시를 읽어보자.

민주주의의 의의가 본의 아니게 왜곡되었습니다.

선의의 피해자라는 의사의 의견은 부주의합니다.

강의실의 의자는 우리의 의욕처럼 거의 가득 차 있다.

위의 예시를 소리 나는 대로 적어보면 다음과 같다.

민주주이에 으이이가 본이 아니게 왜곡되었습니다.

선이에 피해자라는 으이사에 으이견은 부주이합니다.

강이시레 으이자는 우리에 으이욕처럼 거이 가득 차 있다.

주의할 점은 소유격 조사 '에' 의 경우 뒤 음절과 연음되는 부분도 생각하며 읽고 말해야 한다. '강의실의' 는 연음되기 때문에 [강이실에] 가 아니라 [강이시레] 가 된다.

다음은 한글 자음 '히읗ㅎ' 이다. 'ㅎ' 이 나오면 읽고 말하기 전에 긴장하자. 문장에서 매우 빈번하게 나온다.

질병관리청은 여름 폭염에 따른 국민의 건강피해를 최소화하기 위해 온열질환 응급실 감시체계를 20% 증설 운영한다고 밝혔다. 질병관리청은 전국 온열질환자의 진료 현황을 신고 받고 매일 게시를 시작했다고 강조했습니다. 또한 최근 3년간 자료를 분석한 결과를 같이 제공하여 증상을 회복하는 데 도움을 줄 것이라고 알렸습니다.

뉴스 기사 중의 일부를 발췌했다. 위 문장을 천천히 읽어보면 주의해야 할 부분이 곳곳에서 발견된다.

질병관리청은 여름 폭염에 따른 국미네 건강피해를 최소화하기 위해 온열질환 응급실 감시체계를 이십 퍼센트 증설 운영한다고 발켜따. 질병관리청은 전국 온열질환자에 진료 현황을 신고 받고 매일 게시를 시자케따고 강조했습니다. 또한 최근 3년간 자료를 분서칸 결과를 같이 제공하여 증상을 회보카는 데 도움을 줄 것이라고 알렸습니다.

잘못 읽기 쉬운 단어를 알아보자. 국민의[국미느/국미네], 밝혔다[발혀따/발켜따], 20%[이십 프로/이십 퍼센트], 시작했다고[시작해따고/시자케따고], 분석한[분서간/분서칸], 회복하는 데[회보가는 데/회보카는 데] 등이 있다. 앞에 나온 예시는 틀린 것이다. 뒤에 나오는 예대로 읽어야 한다.

이처럼 ㅎ은 앞뒤에 연음되는 자음에 따라 발음이 달라진다. 놓고[노코], 좋던[조턴], 닳지[달치], 많소[만쏘], 먹히다[머키다], 밟히다[발피다], 닫히다[다치다], 맞히다[마치다]처럼 'ㅎ'이 나오면 연음을 생각하며 읽어야 한다. 일상적인 문장에 'ㅎ'는 무수히 많이 사용된다. 앞선 예는 틀린 것이고 뒤의 예가 옳은 것이다. 평소 나는 어떻게 읽었는지 생각하고 발음에 유의하며 천천히 읽어보자.

먹히다[머기다/머키다], 지적하다[지저가다/지저카다], 정확히[정화기/정화키], 절약할 수[저략할 수/절략칼 수], 맏형[맛형/마 텽], 답답하다[답다바다/답따파다], 민낯으로[민나스로/민나츠로], 무릎에[무르베/무르페], 못해[모데/모테], 값을[갑을/갑슬], 6학년[유강년/유캉년], 복합상가[보갑상가/보캅상가], 못한다[모단다/모탄다]

틀리기 쉬운 예를 보면 '누가 이걸 이렇게 읽어' 라고 생각할 수 있다. 그러나 막상 책 읽기를 시켜보면 많은 이들이 정말 많은 곳에서 틀리게 읽는다. 평소 낭독하지 않고 묵독하는 습관 때문이다. 눈으로는 바르게 읽었다고 생각하지만 실제 소리로 나오면서 틀리게 읽게 된다. 내가 묵독하지 말고 낭독하기를 강조하는 이유다.

정확하게 읽는 습관을 몸에 익혀야 정확하게 말할 수 있다. 말하기 능력을 키우려면 반드시 읽기 능력을 먼저 키워야 한다. 대충 읽는 습관으로는 결코 정확하게 말할 수 없다. 읽기 연습을 하면 말하기에 앞서 정확한 발음으로 말하기 위해서 한 번 더 생각하고 말하게 된다.

사람에 따라, 연습량에 따라 바르게 읽는 시간 차이는 발생한다. 평소 신문이나 인터넷 기사를 낭독하는 습관을 들이면 많은 도움이 된다. 여건상 도저히 낭독할 수 없어 묵독을 해야 한다면 어떻게 발음해야 하는지를 명심하고 묵독해보자. 평소에 틀리게 말하기 쉬운 예를 몇가지 더 들어보겠다.

달빛에[달비세/달비체], 곤란[곤난/골란], 흙에[흐게/흘게], 같에[가체/가테], 같이[가티/가치], 별빛이[별비시/별비치], 닭이[다기/달기], 박항서[바강서/바캉서], 젖을[저슬/저즐]

앞에 적은 것은 틀린 발음이고 뒤에 오는 것이 올바른 발음이다. '[별비시] 흐르는 다리를 건너' 가 아니라 '[별비치] 흐르는 다리를 건너' 다. 앞으로 윤수일의 노래 〈아파트〉가 나오면 유심히 들어보자. '나는야 [흐게] 살리라' 가 아니라 '나는야 [흘게] 살리라' 다.

또한 '강아지가 어미젖을 먹고' 를 읽으면 자주 하는 실수가 있다. [강아지가 어미저슬 머꼬]로 읽는 것이다. [저슬]이 아니라 [저즐]이다. [저슬 머꼬]라고 말하면 그 강아지는 어미젖(乳)이 아니라 '새우젓을' 먹는 것이다. 다만 '같이' 는 연음되는 대로 [가티]가 아니라 [가치]로 발음한다는 것에 유의한다. 이것은 구개음화 때문이다. 이러한 법칙을 알고 나서 문장을 읽어보면 매우 어렵다는 것을 알 수 있다. 그만큼 지금까지 아무 생각 없이 읽고 말했다는 증거다.

학창 시절부터 성인이 된 이후에 영어사전을 얼마나 많이 찾아봤을까? 반면 국어사전은 몇 번이나 찾아봤을까? 대부분의 사람은 압도적인 차이를 보일 것이다. 영어를 말할 때는 오렌지orange를 [어린쥐]로, 배터리battery를 [배뤄리]라고 발음하려 애쓴다. 그러면서 국어를 말할 때는 아무렇지 않게 [으자], [별비시], [저슬], [흐게]라고 발음한다.

시시하고 따분한 연습을 하던 초급과 달리 중급에서는 좀 더 심화된 연습을 해보았다. 전혀 의식하지 못하며 지냈던 호흡을 연습해보았다. 가나다라마바사… 아무렇지 않게 줄줄 읽었던 한글의 기초를 한 글자씩 혼을 담아 읽는 연습을 했다. 정리되고 명쾌한 말하기를 위해 문장을 정리하는 연습도 했다.

그냥 무작정 말로 하는 것보다 글로 써보니 이렇게 큰 차이가 있다는 것도 느꼈다. 초등학교 이후 해본 적이 없는 낭독도 해보았다. 그래도 뭔가 손에 확 잡히는 비법을 찾고 싶다.

오랫동안 되풀이되어 몸에 익은 채로 굳어진 행동을 습관이라고 한다. 수십 년간 지속된 잘못된 습관을 다 버려야 한다. 단 며칠 연습해서 없어지지 않는다. 잘못된 습관이 다 없어지고 나서야 좋은 습관이 내 것이 되도록 연습을 시작할 때다. 이것 또한 며칠 연습해서 내 것이 되지 않는다.

큰맘 먹고 주말에 몰아서 서너 시간씩 연습하는 것보다 하루도 빠지지 않고 매일 10분씩 연습하는 것이 훨씬 효과적이다. 일부러 뭉텅이 시간을 내서 연습하기보다는 짬이 나는 대로 틈틈이, 더 바람직하게는 일상에서 말을 할 때마다 의식하면서 연습해야 한다. 평소 말하기에 앞서 정확한 발음을 생각하고 문맥을 고민하고 최적의 단어를 배치하려고 노력해야 한다.

읽고 말하기에 앞서 항상 긴장하고 각성해야 정확한 발음으로 제대로 말할 수 있다. '이 단어는 어떻게 읽어야 정확한가', 하는 고민을 말하기에 앞선 찰나의 순간에도 생각해야 한다.

"스피치는 습관이고, 화술은 노력의 산물이다."

원하는 것을 최대한으로 얻는 대화의 기술

'주는 것 없이 밉다' 는 말이 있다. 말을 얄밉게 하는 사람을 두고 하는 말이다. 별로 잘못한 것이 없어도 말로 매를 버는 사람이다. 같은 말이라도 '아, 다르고 어, 다르다' 는 말이 그래서 나왔다. 잘못된 말버릇으로 밉상이 될 게 아니라, 말로 천 냥 빚을 갚는 능력자로 다시 태어나자. 어떻게 해야 할까?

1. 그 말을 할 타이밍인지를 고려한다

무슨 말이든 그 자리에 적절한 말인지, 그 시점에 해야 할 말인지 한 번 더 생각해보고 할 필요가 있다. 같은 말이라도 때와 장소에 따라 그 의미와 결과는 사뭇 달라지기 때문이다. 어떤 다리를 건너야 할지, 어떤 다리를 불태워야 할지 아는 것이 인생에서 가장 어렵다고 한다. 그러나 한발 물러서서 여유를 갖고 생각해보면 그다지 어려운 일도 아니다.

2. 최후통첩 식의 말은 돌이킬 수 없게 된다

최후통첩 식의 말은 위험하다. 대화의 여지를 없애버리기 때문이다. 매사에 말이 앞서게 되면 말은 늘 곧장 벼랑을 향하게 마련이다. 상대방에 반응할 때 그것이 사소한 일인지, 지속적인 일인지, 일의 전후 사정은 어떤지 찬찬히 짚어보고 나서 부드럽게 반응해도 늦지 않다. 양발을 다 집어넣고 물 깊이를 재는 것은 바보나 하는 짓이다.

3. 나한테 중요한 것인지 생각해보고 말한다

우리가 언쟁을 하다 보면 '사소한 것에 목숨 건다'는 말을 들을 때가 있다. 가만 생각해보면 과연 사람들은 사소한 것을 두고 다투다 의가 상하고 일을 그르치는 경우가 많다. 그러면서 정작 중요한 것은 한마디도 하지 못한 채 흘려보낸다. 어쩌면 나한테 중요한 것이 무엇인지 모르기 때문에 하잘것없는 일로 언성을 높이는지도 모른다.

4. 먼저 말하기에 대한 두려움을 떨친다

몇몇이 모인 사적 자리에서는 거침없이 말을 잘하는 사람도, 중요한 회의 석상이나 대중을 앞에 둔 공적인 자리에서는 떨려서 말 한마디 못하는 경우가 많다. 두려움 때문이다. 두려움은 초점을 나에게 맞추기 때문에 일어난다. 초점을 청중으로 옮기면 두려움도 사라진다. '다른 사람들에게 내가 어떻게 보일까, 내 말이 어떻게 들릴까'에 신경을 집중하는 대신 청중을 바라보면서 청중에 집중해야 한다.

5. 대화가 여의치 않을 때는 다음을 남겨둔다

스포츠에서 '이기고 있는 경기는 바꾸지 말고, 지고 있는 경기는 반드시 바꾸라'는 말이 있다. 준비 부족이나 예기치 못한 상황 때문에 대화가 실패로 끝날 조짐을 보이면 끝을 보지 말고 후반전을 위해 휴전을 도모해야 한다. 그 상황에서 침착하게 빠져나와 재평가를 통해 부족한 부분을 채운 다음 후반전을 맞는 것이 좋다.

두 번째 리얼리티 스톤

상상이 현실이 되는 연습

•

니가 왜 거기서 나와
니가 왜 거기서 나와 _〈니가 왜 거기서 나와〉

• 습관어의 무서움. 버려야 산다

" '후회는 말에서 유래하고 지혜는 경청에서 온다' 고 했다. 진정 말을 잘하는 이는 진정 상대의 말을 잘 들어준다. 내가 구사하는 말은 내 성격을 보여준다. 내가 평소에 하는 말버릇이나 말의 품격에 따라 내 평판이 달라진다. 그런 평판에 따라 내 인생이 달라지기도 한다."

"소나무행렬모충이라는 벌레가 있다. 이 곤충은 대장 애벌레를 따라 줄을지어 기어가는 특징이 있다. 대장 애벌레를 화분 테두리 위에 올려놓고 관찰을 시작했다. 원형인 화분 테두리에서 앞서가는 대장을 따라 모든 벌레들이 계속 빙빙 돌다가 며칠 후 모두 지쳐서 죽고 말았다. 주위에 먹을 것이 있었고 살길이 있었는데도 돌기만 하다가 죽은 것이다. 악습의 되풀이, 타성에 의한 의미 없는 반복은 비극을 낳는다."

생물학자 파브르의《곤충기》에 나오는 한 대목이다.

습관어라는 것이 있다. 글자 그대로 습관처럼 나오는 말인데 '음~, 네~, 저기, 이제, 그, 어~, ~라드라' 같은 말들이다. 어두에 사용하기도 하고, 어미에 사용하기도 한다. 두 경우 모두 좋지 않은 습관이다. 반드시 고쳐야 한다.

음식을 만들 때 인공 조미료를 사용하면 순간 자극적인 맛으로 끌리게 만든다. 그러나 인공 조미료를 과도하게 쓰면 요리는 물론 건강까지 해친다. 말 또한 마찬가지다. 순간적인 집중과 몰입을 위해 한두 번 사용하는 것은 괜찮다. 하지만 과도한 사용으로 습관이 되면 스피치 실력을 해친다. 더불어 자신의 품격까지도 망가진다.

습관어는 대개 말을 하는 도중 다음 단어가 바로 생각나지 않아 말을 잠깐 멈출 때 사용한다. 오랜 기간 사용했기 때문에 전혀 인지하지 못하는 경우가 많다. 이런 습관어는 말의 흐름을 깨고 의미 전달을 방해한다. 또 말이 세련되지 못하고 버벅거린다는 느낌을 아주 강하게 준다.

듣는 이는 '말하는 이가 어리숙하고 미숙하다' 고 인식해 집중하지 않는다. 듣는 이가 집중하지 못하면 말하는 이는 말하기에 더욱 어려움을 겪고 말하기 공포증을 겪는 악순환에 빠진다. 더 큰 문제는, 습관어를 사용하는 본인은 그것을 잘 모른다는 것이다. 습관어는 말과 말 사이에 커다란 장벽을 치는 것과 같다. 자기 스스로 소통의 큰 장애를 만들면서 말하는 것이다.

연세 드신 분들이 습관어를 많이 사용하는 편인데, 오랜 시간 습관이 되어 고치기가 매우 어렵다. 또 유행어를 따라 하다가 습관이 되기도 한다. 지인의 예를 들어보겠다.

우리나라는 보통~ 사계절을 갖고 있는데 보통~ 여름엔 비가 많이 오고, 겨울에는 보통~ 눈이 많이 옵니다. 여름에는 보통~ 열대 지방의 스콜처럼 소나기가 보통~ 쏟아지기도 합니다.

얼마나 답답하고 어수룩하고 자신 없어 보이는가? 더 큰 문제는 정작 본인은 '내가 언제 그랬어요' 하면서 전혀 모른다는 것이다. 굳이 사용하고 싶다면 '일반적으로' 라는 단어로 대체할 수 있다. 위의 예시에서 '보통' 이란 단어를 '일반적으로' 로 바꿔서 읽어보자.

'보통' 은 핑계의 느낌이 강해서 자신 없고 소극적인 전개가 된다. '일반적으로' 는 어떠한 것에 근거하여 논리적이라는 느낌을 준다. 이처럼 소소한 단어 하나 차이가 말 잘하는 이와 어리숙한 이의 차이를 만든다.

5장 두 번째 리얼리티 스톤 -상상이 현실이 되는 연습

우리나라는 사계절을 갖고 있습니다. 그래서 여름엔 비가 많이 옵니다. 지금 전 세계적으로 기후 온난화인데요. 그래서 우리나라도 열대 지방의 스콜처럼 기습적으로 소나기가 오기도 합니다. 겨울에는 눈이 많이 옵니다. 그래서 빙판길 교통사고도 자주 발생합니다.

'그래서'도 '내 탓이 아니에요'라고 회피하는 핑계의 느낌을 많이 준다. 적시에 사용하는 '그래서'는 다음 말의 전개를 위해 유용하다. 그러나 습관어로 사용하는 '그래서'는 '보통'처럼 소극적인 전개가 된다.

'그래서'는 '그렇기 때문에'로 바꾸면 자신 있는 표현으로 들린다. 위 예시에서 '그래서'를 '그렇기 때문에'로 바꿔서 읽어 보면 느낌이 다르다는 것을 알 수 있다. 평상시 말하기에 유념하여 적절히 사용하자.

흔히 사투리를 습관어로 사용하기도 한다.

내가 거 머시냐 영화를 볼라고 거 머시냐 예매를 했는디 지갑을 갖다가 잊어버렸어. 그래가꼬 거 머시냐 경찰에 신고를 했는디 경찰이 와서 조사를 했어. 말하자믄 거 머시냐 신고 접수가 된 것이제.

사투리에는 정겨움과 훈훈함을 선사해주는 독특한 매력이 있다. 아울러 친근함을 바탕으로 자연스러운 미소를 짓게 만든다. 그러나 무분별한 사투리 습관어는 고쳐야 한다.

지금까지는 애교 수준이라면, 반드시 버려야 할 습관어가 몇 가지 있다. 대표적인 것이 '네', '네~', '네에~' 이다.

네, 지금부터 네, 제 소개를 하겠습니다. 네~ 저는 홍길동입니다. 네~ 저는 ○○ 대학교에 다니고 있고요. 네~네~ 휴학을 많이 해서 네~ 지금 7년째 네~ 네~ 다니고 있습니다.

말의 흐름을 자르면서 듣는 이에게는 짜증을 유발한다. 대규모 행사에서 사회자가 남발하기도 한다.

네, 지금부터 네~ 국기에 대한 경례를 네에~ 시작하겠습니다. 네, 모두 자리에서 네~ 일어나 주시기 바랍니다. 네 지금, 이사장님께서 네 입장하고 계십니다. 네~ 모두 자리에서 일어나 네~~큰 박수로 네에~ 환영해주시기 바랍니다.

청중은 얼마나 답답할까? 비슷한 유형으로 '에' 나 '에 또' 도 있다. 이것은 고루하면서 권위적인 느낌을 준다. 위의 보기에서 '네' 를 '에 또' 로 바꿔서 읽어 보면 느낌을 알 수 있다.

한 지인은 '솔직히' 를 달고 산다.

솔직히 네가 먼저 잘못했잖아? 솔직히 나도 기분 나쁘지 않겠냐? 솔직히 말해서 너도 잘한 거 없잖아? 어? 안 그래? 솔직히 말해봐.

'솔직히' 를 버릇처럼 앞세워 말하는 사람 치고 솔직하고 진솔하게 말하는 경우는 거의 못 봤다. '솔직히' 는 "내가 지금부터 쓴소리를 할 테니 찍소리하지 말고 잘 들어"라는 의미다. '솔직히' 가 먼저 나오면 뒤이어 나오는 말은 필연적으로 부정적이다. '툭 까놓고 말해서' , '이런 말까지는 안 하려고 했는데' , '막말로' 역시 마찬가지다.

쉽게 말해서 이것은 4차산업의 시작입니다. 4차산업이란 쉽게 말해서…

'쉽게 말해서'가 먼저 나오면 틀림없이 어려운 얘기가 따라 나온다. '쉽게 말해서'는 "지금부터 네가 잘 모르는 것에 대해서 말할 거야. 이건 내가 아주 잘 알고 있는 건데 이해하기가 어렵더라도 참고 잘 들어봐"라는 뜻이다.

자기 지식을 자랑하려고 쓰는 경우가 많기 때문이다. '나는 이만큼이나 또는 이런 것까지도 알고 있다'는 과시형 말하기에서 많이 사용한다. '쉽게 말해서'를 남발할 경우 듣는 이는 '어이구 잘났네! 잘났어!'라는 느낌 때문에 말하는 이를 신뢰하지 않는다.

이 차량은 5월에 새로 출시되었다고 하던데요. 신규 구매 고객에게는 가죽 시트를 무상으로 제공한다고 하더라고요.

흔히 말끝마다 '합디다' 또는 '하더라고요'를 붙이기도 한다. '합디다' 또는 '하더라고요'는 "내가 정확하게 아는 건 아닌데 이렇게 얘기를 들었어. 그런데 100% 정확하지 않을 수도 있어. 그러니까 혹시 잘못된 정보라고 해도 내 탓은 아니니 나한테 뭐라고 하지 마"라는 뜻이다.

사소한 언어 습관이 내 신뢰도를 결정하기도 한다. 세일즈맨이 이런 언어 습관을 갖는다면 영업 실적이 어떨까?

하지만 최악의 습관어는 따로 있다. 위에서 나타난 습관어는 버려야 하지만, 다음에 나오는 습관어는 절대로 사용해서는 안 된다. 자칫하면 인간관계 자체가 끊어진다.

바로 '아니 그게 아니라' 와 '~이 아니라' 이다.

아니, 그게 아니라 내 말이 맞다니까. 잘 들어봐.
아니, 그게 아니라 사실은 이래서 그렇게 된 거야.

'그게 아니라' 는 질책과 답변 두 경우에 사용된다. 질책의 '그게 아니라' 는 "네 말은 틀렸어. 내 말이 맞으니까 지금부터 잘 들어"라는 뜻이다. 답변의 '그게 아니라' 는 "내가 잘못한 거 같긴 한데 이렇게까지 크게 혼나야 하는 거 같진 않아. 그럴 만한 사정이 있으니 잘 들어봐" 이다.

두 경우 모두 상대가 틀렸다는 전제에서 나온다. 물론 상대와 의견 차이가 있을 수 있다. 그러나 습관처럼 사용하는 '그게 아니라' 는 뒤이어 나오는 말이 필연적으로 부정적이다. 상대를 질리게 만든다. 더는 말을 이어나가지 못하게 한다. "나 너랑 말 안 해"로 들릴 수밖에 없다.

어제는 제가 깜빡 늦잠으로 지각했습니다. 죄송합니다.

늦잠 잔 것이 중요한 게 아니라 지난주에도 그랬잖아

거래처에서 발주 서류에 입력 오류가 있었다고 합니다.

입력 오류가 아니라 네가 하는 일이 항상 그 모양이잖아

이처럼 상대가 무슨 말을 하든지 '~이 아니라'를 버릇처럼 붙이는 사람도 있다. 이 말도 "일단 네 말은 틀렸어. 근데 더 큰 문제는 바로 이거야. 지금부터 네가 저지른 다른 잘못을 알려줄게"라는 뜻을 담고 있다. 마찬가지로 다음 대화를 이어갈 수 없다.

심지어 '~이 아니라'는 어떤 대화를 하게 된 원래의 취지는 사라지게 하고, 새로운 트집거리를 만들어내는 신기한 능력을 발휘한다. 대개 매사 트집 잡기 좋아하는 상사가 이런 습관어를 사용한다. 매사 잘난 척하는 상사가 자주 사용하는 습관어도 있다.

그건 내가 아주 잘 아는데 이렇게 하는 게 좋아.

아, 그거 내가 해봤는데 자네 생각이 틀렸어.

그거는 자네보다 내가 더 잘 안다니까.

5장 두 번째 리얼리티 스톤 - 상상이 현실이 되는 연습

말의 형태는 다르지만 유사하게 나타나는 경우이다. 이 말의 의미는 "내가 잘 아는 분야니까 군소리 말고 내 의견대로 해"이다. 여기서 문제는 진짜 전문가는 저런 말을 안 한다는 것이다. 진짜 전문가는 상대의 의견을 충분히 듣고 결정한다. 어설픈 전문가는 '내가 최고'라는 생각으로 상대의 말을 무시한다. 이것도 결국 대화 단절을 초래한다.

앞선 습관어와 달리 이 세 가지 습관어는 대화 자체를 단절시킨다. 상대방은 마음에 커다란 상처를 받는다. 이런 대화가 몇 번 오가면 상대는 꼭 필요한 말만 한다. 심지어는 꼭 필요한 말마저도 안 하게 된다. 인격적인 모멸감과 함께 자괴감에 빠진다. 상호작용하는 인간관계 자체가 위험하다.

한 가지 명심할 것은, 상황과 문맥에 맞게 한두 번 사용하는 것은 별문제 아니라는 것이다. 앞서 언급한 '보통', '그래서', '네', '그게 아니라', '내가 잘 아는데' 같은 말을 절대 사용하지 말라는 것이 아니다.

상황에 맞는 단어를 사용해야 한다. 다만 특정 단어나 문구를 습관처럼 빈번하게 사용하는 경우를 지적하는 것이다. 두세 문장 사이에서 특정 단어가 연이어 빈번하게 사용되면 습관어를 사용하는 것이다.

습관어는 글로 쓸 때는 절대 잘 나타나지 않는다. 글이 아닌 말로 할 때 나타난다. 내가 습관어를 사용하는지는 주변인에게 물어야 한다. 또는 내가 말하는 모습을 동영상으로 촬영해보자. 내가 했던 말을 제삼자의 관점에서 관찰해보면 알 수 있다.

평소 분노를 안고 사는 사람의 말은 거칠다. 매사 부정적인 말투의 사람은 인생 자체가 비뚤어져 있다. 허풍쟁이는 과장을 통해 자신을 과시한다. 자기 자랑만 늘어놓는 사람은 자신의 약점을 가리고 싶어서 그런 것이다.

마음이 행복한 사람은 감사의 말을 잘한다. 다정한 사람은 위로의 말을 잘해준다. 진솔한 사람은 겸손하게 말한다. 마음에 여유가 있는 사람의 말은 온화하다.

'후회는 말에서 유래하고 지혜는 경청에서 온다'고 했다. 진정 말을 잘하는 이는 진정 상대의 말을 잘 들어준다. 내가 구사하는 말은 내 성격을 보여준다. 내가 평소에 하는 말버릇이나 말의 품격에 따라 내 평판이 달라진다. 그런 평판에 따라 내 인생이 달라지기도 한다.

말은 이처럼 무서운 것이다. 그래서 신중하게 말해야 하며 잘 말해야 한다.

·

널 만나면 또 하나의 나처럼
편안했던 거야 _〈사랑 Two〉

• 습관어의 고마움. 얻어야 산다.

> "언변이 좋다고 평판이 난 위인, 방송인, 작가 등의 인터뷰나 대화를 분석해보면 물 흐르듯 대화를 이어간다. 바로 말을 매끄럽게 연결해주는 좋은 습관어를 잘 활용하기 때문이다. 이러한 단어는 좋은 의미의 습관어라 할 수 있다. 다만, 아무리 좋은 단어라도 너무 빈번하게 사용하면 나쁜 습관어가 된다."

"행복하고 성공한 삶을 살기 위해선 자기 자신의 개성을 잘 개발하여 원하는 결과를 얻도록 구체적인 습관을 개발해야 한다. 만들고 싶은 습관을 의식적으로 반복하여 내 것으로 만든다. '사람이 습관을 만들고, 습관이 사람을 만든다.' 당신은 특별하다. 지금 발휘하는 것보다 훨씬 많은 능력과 재능을 가지고 있다."

세계적인 비즈니스 컨설턴트 브라이언 트레이시가 《백만 불짜리 습관》에서 한 말이다.

앞 장에서 습관어에 대해 배우면서 반드시 고쳐야 할 습관어를 알아보았다. 이번 장에서는 반대로 좋은 습관어를 배워보자.

인스턴트 요리는 몇 번은 맛있게 먹을 수 있지만, 자주 먹으면 질린다. 원재료를 최대한 활용하여 요리하면 건강은 물론 자연의 느낌을 알 수 있다. 어머니가 해준 집밥은 매일 먹어도 맛있게 먹을 수 있는 이유다. 말도 그 단어 특유의 느낌을 살리며 맛있게 말할 수 있다.

PREP으로 말의 기본 형식을 만들어보았다. 하지만 좀 더 매끄럽게 말하고 싶다. 말은 모름지기 먼저 했던 말과 뒤이어 나올 말이 원활하게 연결되어야 매끄럽다. 결국은 말의 내용보다도 어떻게 연결하느냐가 관건이다. 구슬이 서 말이라도 꿰지 않으면 그저 구슬이다. 꿰어서 연결해야 보배가 된다. 이것이 스토리텔링이다.

사람들은 대개 '어떤 내용을 말할까' 고민한다. 말이란 실마리만 잘 풀면 술술 잘 나온다. 꼬리에 꼬리를 물고 말이 연결되는 것이다. 뒤에서 이러한 말을 하도록 유도하면 된다. 실마리를 풀어주는 특정 단어를 알아보자.

이번 야유회는 어디로 갈까요? 저는 가슴이 탁 트이는 곳으로 갔으면 좋겠습니다. 동해안이 어떨까요? 등산은 혼자서도 갈

수 있잖아요? 복장은 작년에 지급한 단체복을 입읍시다. 직원 간 소속감이 있고 좋잖아요? 날씨도 좋을 것 같으니 좋은 시간 이 될 거 같아요. 비가 오면 뭐 비 오는 대로 즐겨야죠.

몇 단어를 추가하여 이렇게 바꿔보자.

이번 야유회는 어디로 갈까요? 저는 가슴이 탁 트이는 곳으로 갔으면 좋겠습니다. 이를테면 동해안 같은 곳이죠. 왜냐하면, 등산은 혼자서도 갈 수 있잖아요? 제 기억에 작년에 지급한 단 체복이 있습니다. 따라서 복장은 단체복이 좋을 것 같습니다. 중요한 것은 직원 간 소속감이기 때문입니다. 예보에 따르면 날씨도 좋다고 하니 좋은 시간이 될 거 같아요. 만약 비가 온다 면 비 오는 대로 즐겨야죠.

뒷말을 원활하게 풀 수 있는 경우는 다음과 같다《강원국의 글쓰 기》참고.

○ 좀 더 자세한 설명이 필요할 경우:
  풀어서 말하자면, 차이점은, 공통점은, 구분하면

○ 예시를 통해 논리를 구체화하는 경우:

이를테면, 그 근거로는, ~에 따르면, 제 기억에는

○ 말을 마무리하며 정리가 필요한 경우:

정리하면, 거듭 말하자면, 마무리하자면

○ 불확실하지만 확신을 주고 싶을 때:

만약 ~한다면, 미루어보건대, 추측하건대

○ 확신을 주고 강조할 때:

중요한 것은, 확실한 점은, 명확히 말씀드리면

말을 하던 중 한 문장을 마무리한 뒤, 다음 문장을 어떻게 이어가야 할지 곤란할 때가 있다. 어떤 자리에서 앞 문장을 마무리하고 뒤 문장의 시작을 '풀어서 말하자면' 이라고 말했다면 뒤 문장은 자연스럽게 앞서 했던 말을 좀 더 자세하게 설명하면 된다.

만약 '중요한 것은' 으로 다음 문장을 시작했다면 앞서 했던 말에서 핵심을 한 번 더 언급하며 강조하면 된다. 앞말과 뒷말이 자연스럽게 연결될 뿐 아니라 말하는 이에게도 뒷 문장에서 어떻게 말할지 복선이 된다.

언변이 좋다고 평판이 난 위인, 방송인, 작가 등의 인터뷰나 대화를 분석해보면 물 흐르듯 대화를 이어간다. 바로 말을 매끄럽게 연결해주는 좋은 습관어를 잘 활용하기 때문이다. 이러한 단어는 좋은 의미의 습관어라 할 수 있다.

다만, 아무리 좋은 단어라도 너무 빈번하게 사용하면 나쁜 습관어가 된다. 같은 상황에서 비슷하지만 다양한 단어를 골고루 사용해보자. 나쁜 습관어는 고치기 힘들다. 좋은 습관어 또한 내 것으로 만들기 위해서는 많은 연습이 필요하다.

강원국은 '글쓰기 3습'으로 학습, 연습, 습관을 들었다. 말하기도 같다. 학습, 연습, 습관의 3습이 필요하다. 나쁜 습관어는 버리고 좋은 습관어는 익숙해지도록 많은 학습과 연습을 통해 습관이 되도록 노력해보자.

지속하여 공부하고 끊임없이 연습하면 습관이 된다. 노력 없이 얻을 수 있는 것은 숨 쉬는 공기와 어머니의 한없는 사랑뿐이다. 노력해야 내 것이 된다. 위에서 제시한 좋은 습관어 중 몇 가지는 항상 염두에 두고 연습해 보자. 어느 순간 자연스럽게 입에 붙게 될 것이다.

나쁜 습관어는 단 몇 글자로 무서운 의미를 내포하고 있다. 좋은 습관어는 단 몇 글자로 뒷말과 연결해주는 아주 많은 의미를 포함하고 있다.

요즘 젊은 층은 가상 화폐와 주식에 투자를 많이 한다고 합니다. 두 가지 모두 불확실성이라는 위협이 존재합니다.

똑같은 문장에 말머리를 달리하면 어떻게 달라지는지 살펴보자.

요즘 젊은 층은 가상 화폐와 주식에 투자를 많이 한다고 합니다. 두 가지 모두 불확실성이라는 위협이 존재합니다.
이 둘의 공통점은 유행에 민감하다는 것과 등락의 폭이 심하다는 것이지요.

'공통점은' 이라고 말머리를 시작하면 말하는 이는 '어떤 점이 비슷할까' 하는 고민을 하게 된다. 자연스럽게 유사한 점을 찾아서 추가 설명을 하게 된다.
'공통점은' 이라 말하고 전혀 엉뚱한 맥락으로 말하지는 않는다. 가상 화폐와 주식 두 가지에 모두 해당하는 것은 무엇인가를 찾게 된다. 두 가지 다 유행에 민감하고 등락의 폭이 심하다는 점을 말했다. 바로 이어서 "예를 들어~한 사례도 있었습니다" 라고 말을 이어가면 자연스러운 연결이 가능해진다.

요즘 젊은 층은 가상 화폐와 주식에 투자를 많이 한다고 합니다. 두 가지 모두 불확실성이라는 위협이 존재합니다.
제 기억에는 1997년 IMF 직후에도 비슷한 현상이 나타났습니다.

'제 기억에는' 이라고 말머리를 시작하면 과거 사례를 말하게 된다. 본인이 직접 겪은 일 또는 참고 자료를 통해서 알아낸 사례다. 듣는 이에게 확신을 준다.

요즘 젊은 층은 가상 화폐와 주식에 투자를 많이 한다고 합니다. 두 가지 모두 불확실성이라는 위협이 존재합니다.
확실한 점은 두 가지에서 성공한 사례가 그다지 많지 않다는 점입니다.

만일 사례나 자료가 없다고 해도 걱정할 것은 없다. 말머리를 바꿔서 적용해도 가능하다. '확실한 점은' 으로 시작하면 말하는 이의 말에서 신뢰가 느껴진다.

요즘 젊은 층은 가상 화폐와 주식에 투자를 많이 한다고 합니다. 두 가지 모두 불확실성이라는 위협이 존재합니다.

추측하건대 젊은 층의 불안 심리가 이런 현상을 불러오지 않았나 합니다.

'추측하건대' 로 시작하면 '기억에는' 이나 '확실한 점은' 에 비해 100%는 아니지만 비교적 믿을 만한 정보라는 인식을 준다. 나름대로 분석하고 연구한 결과물이라는 느낌이 강하게 전달된다. 자료의 신뢰도를 고려하여 적절한 말머리를 선택하자.

요즘 젊은 층은 가상 화폐와 주식에 투자를 많이 한다고 합니다. 두 가지 모두 불확실성이라는 위협이 존재합니다.

만약 저라면 투자를 자제하거나 최소한으로 하겠습니다.

믿을 만한 자료도 없고 내가 잘 알지 못하는 분야라서 앞서 나온 '추측컨대' 보다도 더 확신이 없다면 '만약 저라면' 이라고 이어 받으면 된다. 이처럼 뒷 문장의 말머리만 결정이 되면 그 상황에 맞는 내용을 말할 수 있다. 지금까지 사례를 이어서 말해보자.

요즘 젊은 층은 가상 화폐와 주식에 투자를 많이 한다고 합니다.

두 가지 모두 불확실성이라는 위협이 존재합니다.

　이 둘의 공통점은 유행에 민감하다는 것과 등락의 폭이 심하다
는 것이지요.

　제 기억에는 1997년 IMF 직후에도 비슷한 현상이 나타났습니다.

　확실한 점은 두 가지에서 성공한 사례가 그다지 많지 않다는
점입니다.

　추측하건대 젊은 층의 불안 심리가 이런 현상을 불러오지 않았
나 합니다.

　만약 저라면 투자를 자제하거나 최소한으로 하겠습니다.

　말머리를 제대로 잡아주니 뒷말과의 연결이 아주 매끄럽다.
앞선 예시처럼 '위협이 존재합니다' 다음으로 어떻게 시작해도
무난하다. 심지어 마지막 예시처럼 전체를 계속 이어 붙여도 자
연스럽다.

　좋은 습관어를 빼고 문장을 재구성해보자.

　요즘 젊은 층은 가상 화폐와 주식에 투자를 많이 한다고 합니
다. 두 가지 모두 불확실성이라는 위협이 존재합니다.

　이 둘 모두 유행에 민감하고 등락의 폭도 심한데요. 1997년

IMF 직후에도 비슷한 현상이 나타났습니다. 그런데 두 가지에서 성공한 사례가 그다지 많지 않습니다. 젊은 층의 불안 심리가 이런 현상을 불러오지 않았나 합니다.

우리는 앞으로 투자를 자제하거나 최소한으로 해야겠습니다.

문장간 연결이 부자연스럽고 무언가 부족함이 느껴진다. 한쪽 귀로 들어와서 반대 귀로 흘러나간다. 이러한 문장 구성은 듣는 이에게 확신을 심어줄 수 없다. 말머리만 제대로 만들면 같은 내용이라도 느낌이 확 달라진다.

명절 때마다 찾아오는 액션 배우 성룡의 비밀에 관한 영상을 본 적이 있다. 성룡의 인생은 쌍꺼풀 수술 전후로 크게 달라진다. 수술 전의 성룡의 얼굴은 너무나 순박한 인상이었다. 무술 고수의 카리스마가 전혀 느껴지지 않았다. 당시에는 남자가 성형하는 일이 극히 드물었지만, 성룡은 쌍꺼풀 수술을 했다. 풍기는 인상 자체가 달라졌다. 성룡의 수술 전 사진을 검색해보면 알 수 있다. 사소한 쌍꺼풀 수술 이후 완벽한 이미지 변신에 성공한 성룡은 액션의 대명사가 되었다.

사소한 말머리 선택은 말하는 이의 이미지를 완벽하게 변신시켜 언변의 대명사가 될 수 있다.

상대방을 진정으로 설득하는 5가지 원칙

사람들은 한번 말해보고 거절당하거나 반응이 없으면 쉽게 단념하고 마는 경향이 있다. 하지만 설득은 단판 승부가 아니다. 여러 번, 그리고 오래 공을 들여야 하는 인내심의 시험이기도 하다. 상대와의 싸움이기 전에 자기와의 싸움이라는 것이다. 설득에는 반드시 지켜야 할 원칙이 있다.

1. 긍정적인 기대를 갖고 상황에 접근한다

무엇보다 먼저 나 자신을 믿어야 한다. 나도 나를 믿지 못하는데 어떤 누가 나를 믿어준단 말인가. '회의주의로는 어떤 전투도 이기지 못한다' 는 아이젠하워의 말을 새겨들을 필요가 있다.

2. 반대를 예상하고 그에 대비한다

프레젠테이션에서 내가 준비한 기획을 발표할 때, 예상되는 반대의견과 그 이유를 미리 알고 대비하면 발표에 성공할 확률이 훨씬 높아진다. 목표는 하나라도 가는 길은 여러 갈래이므로 길 하나가 막히면 다른 길로 가는 대안을 모색해둘 필요가 있다.

3. 요점마다 번호를 붙여 정리한다

아무리 좋은 생각이라도 체계가 잡히지 않으면 산만해져서 어필하기가 어렵다. 제시할 항목이 두 가지가 넘으면, 번호를 붙여 일목요연하게 정리해서 전달하는 것이 효과를 배가한다.

4. 상대방의 요구에 맞춰 상대방의 언어로 말한다

'나'를 앞세우면 설득은 십중팔구 실패한다. 더구나 무슨 제안이나 요구를 할 때는 나의 이익이 아니라 상대방에게 어떤 이익이 있는지를 제시할 필요가 있다. 설득의 요체는 상대방의 입장에서 생각해보는 것이다.

5. 상대방에게 매력적인 동기를 부여한다

내 생각을 상대방에게 억지로 주입하려 해서는 역효과만 날 뿐이다. 상대방이 나의 제안에 자발적으로 관심을 가질 만한 충분한 동기를 제시할 필요가 있다. 그러면 대화는 성공할 가능성이 크다.

6장

파워 스톤

임팩트 있는
말의 파괴력

01

잠깐만 잠깐만
그 발길을 다시 멈춰요 _〈잠깐만〉

• 말의 고수가 사용하는 비법 6가지

"일시 정지, 즉 포즈(Pause)는 고수들이 즐겨 사용하는 기법이다. 말을 하다가 잠시 멈추는 것이다. 아, 저, 음~처럼 말문이 막혀서 또는 다음 내용이 생각이 안 나서 멈추는 것과는 차원이 다르다. 말하는 이와 듣는 이의 밀당을 위해서 의도적으로 사용하는 것이다."

"에잇, 더러운 년! 김중배의 다이아몬드 반지가 그렇게도 탐이 났단 말이냐? 굳게 맺었던 우리의 언약을 헌신짝처럼 내던지다니. 놓아라. 놓지 않으면 이 다 떨어진 구둣발로 네 가슴 짝을 차버리고 말겠다."

"수일 씨의 아픔이 사라지고 괴로움이 풀리신다면 백 번 천 번이라도 이 멍든 가슴팍을 짓밟아주세요, 수일 씨!"

눈물 없이는 볼 수 없다던 신파극 〈이수일과 심순애〉에 나오는 한 대목이다.

아무리 좋은 말이라도 천편일률로 리듬감 없이 말하면 지루하다. 지루하면 졸리고 집중이 되지 않는다. 말이란 말하는 이와 듣는 이의 끊임없는 밀당의 연속이다. 말하는 이는 듣는 이가 잘 이해하도록 말하는 것이 의무다. 듣는 이가 이해하지 못한다면 말하는 이의 책임이다.

교수님의 수업이 재미없고 따분하면 학생은 꾸벅꾸벅 졸기 시작한다. 간혹 불같이 화를 내며 "감히 수업 시간에 졸아? 나가!" 하는 교수님도 있다. 듣는 이가 집중하지 못 하는 건 말하는 이에게 원인이 있다. 정작 나가야 할 사람은 졸게 만든 교수님이다. 지루한 전개가 되는 가장 큰 원인은 한결같은 톤이다.

'세계 자장가 대회'가 열렸다. 세계에서 유명한 성악가를 비롯하여 많은 사람이 참가했다. 누가 1등을 했을까? 무명의 한국 할머니다.

"자장자장 우리 아기 잘도 잔다~ 우리 아기." (무한 반복)

심지어 할머니라서 발음도 부정확하다. 단순하고 비슷한 리듬, 부정확한 가사의 무한 반복이다. 대부분의 자장가는 단순하고 비슷한 리듬이 반복된다.

학교마다 '인간 수면제' 또는 '졸음 유발자'로 불리는 교수님이 있다. 십중팔구 자장가처럼 고저장단이 없이 말한다. 고저장단 없이 말하면 자장가 선율처럼 들리는 것이다.

'변사辯士' 가 무슨 일을 하는 사람인가? 답을 안다면 대략 나이가 추측된다. 앞에 언급한 〈이수일과 심순애〉 같은 무성 영화가 극장에서 상영되면 변사의 역할은 절대적이었다. 변사의 능력에 따라 손에 땀을 쥐는 긴장감 넘치는 영화가 될 수도 있고 지루하기 짝이 없는 영화가 되기도 한다. 똑같은 문장을 읽어도 말의 '맛과 맥' 을 살리는 것이다. 구연동화를 하는 사람을 잘 살펴보면 연기 솜씨가 배우 못지않다. 실감 나고 맛있게 말한다. 말로 연기를 하는 것이다.

같은 문장을 읽어도 어떤 이가 읽으면 듣는 이는 하품을 하고, 어떤 이가 읽으면 평생 잊히지 않고 가슴에 새겨지기도 한다. 우리도 몇 가지 방법을 통해 말을 더 생동감 있게 할 수 있다. 여기서는 강조하여 읽기를 알아보자. 강조하여 읽는 습관이 길러지면 강조하여 말하기가 가능하다. 강조하여 말하기는 말의 핵심이 무엇이고 무엇이 중요한지를 듣는 이에게 친절하게 알려주는 것과 같다. 당연히 듣는 이의 이해력은 상승한다.

읽기의 기본은 띄어쓰기대로 읽는 것이다. 내가 읽어야 할 원고가 있으면 'V' 표시를 추가하여 끊어 읽기를 해보자. 끊어 읽기만 제대로 해도 전달력이 높아진다. 그런데 대개 끊어 읽기를 무시하는 경향이 있다. '뭐 그런 것까지 표시하면서 읽어? 그냥 눈에 보이는 대로 읽으면 된다' 고 생각한다. 그러나 끊어 읽기에 따라 문장은 전혀 다른 의미가 된다. 다음 문장을 읽어 보자.

사랑해보고싶어

끊어 읽기 여부에 따라 두 가지로 해석된다.

① 사랑해∨보고 싶어
② 사랑∨해보고 싶어

①에서 사랑해의 '해' 는 어미로 낮게 읽힌다. I love you다. ②에서 사랑의 어미인 '랑' 은 높게 읽힌다. 의문형인 '사랑?' 이다. ①과 달리 '사랑? 그게 뭔데? 나에겐 남의 얘기야' 의 체념의 의미로 이해된다.

이 때문에 원고는 반드시 ∨표시로 끊어 읽기 연습을 해야 한다. 그러지 않으면 '아버지 가방에 들어가는 것' 과는 비교할 수 없는 대참사가 일어날 수 있다. 끊어 읽기는 기본으로 연습해야 한다.

어느 정도 연습을 거치면 굳이 펜으로 ∨표를 하지 않고 눈으로 묵독해도 어느 지점에 ∨가 들어갈지 감이 잡힌다.

지금부터는 본격적으로 말하는 기술에 대해 알아보자. 강조하여 말하는 방법은 크게 여섯 가지가 있다.

1) 높게 읽기

가장 흔하게 사용하는 방법이다. 구순을 앞둔 필자의 노모는 귀가 잘 안 들린다. 어머니가 잘 들리도록 우리는 말할 때 목소리를 크게 한다. 그런데 본인이 말할 때도 목소리가 커진다. 본인이 안 들리기 때문이다. 나이 드신 분들 대부분이 말할 때 목소리가 커지는 이유다.

우리는 말할 때 상대방이 잘 이해하지 못하면 답답한 마음에 소리를 크게 한다. 강조하여 말하기의 가장 기초적인 방법이다. 그러나 가장 하수의 방법이다. 한두 번은 사용할 수 있지만, 지속하여 사용하면 듣는 이의 짜증을 유발한다. 자연히 몰입도와 이해도가 떨어진다.

큰 목소리는 화난 듯한 말투로 듣는 이의 반감을 유발한다. 또 말하는 이도 에너지 소비가 심해 쉽게 지친다.

2) 천천히 읽기

크게 말해도 잘 이해하지 못할 때 천천히 말하는 경우가 많다. 말소리가 높지는 않지만, 말의 속도가 느려진다. 중요하기 때문에 의도적으로 천천히 읽는 것이다.

중요 부분을 천천히 말해주면 듣는 이의 이해력을 높이는 데 크게 도움이 된다. 다만 전후 문장과 대비하여 지나치게 천천히 읽으면 안 된다. 자칫 듣는 이는 무시당하는 느낌을 받을 수도 있으니 조심해야 한다.

3) 반복하기

학창 시절 '밑줄 쫙, 당구장 표시, 별표 표시, 네모 박스'를 외치는 선생님들이 있었다. 중요하다는 것을 강조하기 위함이다. 자연스럽게 몇 번이고 반복하여 말한다. 군대에서는 복명복창이 일상이다. 그 이유는 상대가 제대로 이해했는지를 다시 확인하기 위함이다. 반복하여 읽기는 말하는 이 혼자서 복명복창하는 셈이다.

여기서 중요한 점은 반복하기는 중요한 단어나 구절을 반복한다. 어릴 적에 본, 대포 한 잔 걸치고 귀가하는 아버지에게는 주특기가 있었다. 했던 말 또 하고, 했던 말 또 하고는 반복이 아니라 괴롭힘이다.

어떤 부분을 강조하고 싶거든 '구절이나 단어에 한정하여 2~3회 이내'에서 반복한다. 한 문장이나 한 문단을 통째로 반복하는 것은 취객의 술주정과 비슷하다. 간혹 이어나갈 말이 생각나지 않아서 앞에서 했던 말을 다시 하는 경우가 있다.

이것은 강조하여 말하기가 아니라 의미 없는 도돌이표다. 앞선 말의 좋은 의미가 퇴색된다. 상황에 따라 듣는 이에게 '따라 해봅시다', 또는 '다 같이 크게 읽어봅시다' 하는 식으로 반복시키는 것도 좋은 방법이다.

여기까지 세 가지의 방법은 하수의 방법이다. 지금부터는 중수, 고수의 방법을 알아보자. 앞선 방법은 특별한 연습 없이도 사용할 수 있다. 지금부터 소개하는 방법은 의식하고 연습해야 자연스럽게 사용할 수 있는 고급 기술이다.

4) 낮게 읽기

"아들아, 너는 계획이 다 있구나."

영화 〈기생충〉에 나오는 유명한 대사다. 이때 송강호가 아들에게 말하는 톤은 어떤가? 아주 큰 목소리로 소리쳤나? 중요하니까 두 번 세 번 반복해서 말했나? 아니면 덤덤하게 속삭이듯 말했나?

낮은 목소리로 속삭이듯 말했지만, 관객의 뇌리에 깊이 박혔다.

만약 이 대사를 아주 큰 목소리로 했다면 그 느낌이 어떨까? 다른 많은 영화에서도 아주 중요한 대사는 대부분 아주 낮게 속삭이듯 말한다. 말하는 이가 낮게 말하면 듣는 이는 어떻게 반응할까? '어? 뭐라고?' 하면서 귀를 쫑긋 세운다.

읽기나 말하기에서 상당히 효과적인 방법이지만, 잘 사용하지 않는 기법이다. 낮게 말하면 상대가 못 알아들을 것으로 착각하기 때문이다. 그러나 낮게 말하면 듣는 이는 스스로 잘 알아들으려 노력하게 된다.

중요한 지점에서 낮게 말하면 비장한 결기가 느껴진다. 목청껏 소리치며 "병사들이여, 나를 따르라!" 소리 지르는 것은 과거 스타일이다. 공포와 두려움을 감추려 소리를 고래고래 지르는 것이다. 오히려 차분한 목소리로 "나를 따르라"라고 했을 때 병사들은 장군의 결기에서 비장함을 느낄 수 있다.

이때 주의할 점은, 낮게 말하되 발음이 확실해야 한다는 것이다. 목소리는 낮게 말하지만 자신 있고 뚜렷하게 말해야 한다. 낮게 말하지만 잘 들려야 한다. 말하기가 두려워 중얼거려서는 안 된다. 낮지만 확신에 찬 목소리로 결기 있게 말하기와 자신 없이 얼버무리는 것은 전혀 다르다.

5) 스타카토

스타카토staccato는 음악 용어다. 단조로운 선율에 변화를 주거나 강조하고 싶을 때 사용한다. 원래 음의 길이보다 1/2~1/4로 줄여서 짧게 연주하라는 뜻이다. 음표 위에 (·)으로 표시된다. 딱딱 끊어서 연주하는 것이다.

말 또한 한 글자씩 끊어 읽어야 할 때가 있다. 연주처럼 말하는 리듬에 변화를 주거나 강조하고 싶을 때다. 피아노나 기타를 연주할 때 스타카토로 연주하면 느낌이 확연히 다르다. 스타카토는 이런 의미에서 매우 중요하다. 말하기가 계속되어 지루해지는 타이밍에 사용해주면 매우 효과적이다. 낮게 말하기나 반복하기와는 다른 개념이다. 한 글자씩 강조하여 말하는 것이다. 원고를 읽을 때 글자에 중요 단어처럼 표시하면 좋다.

스타카토를 구사할 때는 혀에 힘을 주고 끊어 읽어야 한다. 앞장에서 배웠던 [카, 타, 파, 하] 복식호흡을 생각하며 연습해보자. 다만 너무 기계적으로 해서는 안 된다. 자칫 인공지능A.I이 말하는 것처럼 될 수 있다.

6) 일시 정지

일시 정지, 즉 포즈pause는 고수들이 즐겨 사용하는 기법이다.

말을 하다가 잠시 멈추는 것이다. '아, 저, 음' 처럼 말문이 막혀서, 또는 다음 내용이 생각이 안 나서 멈추는 것과는 차원이 다르다. 말하는 이와 듣는 이의 밀당을 위해서 의도적으로 사용하는 것이다.

김성주 MC가 예능을 진행할 때 자주 사용하는 기법이다. "최종 우승자는~~", "탈락자는~~", "가면의 주인공은~~" 하는 식의 기법이다. 듣는 이의 궁금증을 자극하여 집중도를 높인다. 가장 중요한 핵심 단어, 즉 하이라이트 장면 앞에서 1~2초쯤 뜸을 들이는 것이다.

"사랑해 보고 싶어"를 말할 때 두 가지로 연습해보자.

첫 번째는 멈추지 않고 한 번의 호흡으로 [사랑해 보고 싶어]를 말해보자.

두 번째는 [사랑해, 보고 싶어]와 같이 '사랑해'와 '보고 싶어' 사이에 쉼표를 두고 1~2초간 정적을 곁들여 말해보자. 어느 경우가 듣는 이를 더 '심쿵' 하게 만들까?

건널목 앞에는 일단정지 표시가 있다. 돌발 사고를 예방하기 위함이다. 중요한 말 앞에서 일단정지도 말로 인한 돌발 사고를 예방해 준다. 일반 끊어 읽기 ∨와 구분하기 위해 포즈는 ∜ 또는 ⩔

표시를 하면 좋다.

한가지 주의할 점은, 멈추는 시간이 너무 길어지면 역효과를 낼 수 있다. 1~2초간의 정적은 듣는 이의 궁금증을 자극한다. 하지만 그 이상으로 지속하면 답답함을 느낀다. 포즈를 효과적으로 사용하려면 당연하게도 어떤 부분이 하이라이트인지 파악해야 한다. 하이라이트 바로 앞에서 잠깐 멈춤이 듣는 이를 설레게 한다.

어떤 사람이 성공할까?

직업적으로 성공한 사람의 성공 비결에 대하여 카네기공과대에서 조사한 결과가 있다. 성공한 사람의 비결은 기술과 능력은 15% 미만으로 나타났다. 원만한 인간관계와 공감 능력은 85% 이상으로 조사되었다. 10년 동안 진행된 연구 결과를 검토해보면, 직장을 잃은 사람들의 해고 원인 중 95%는 업무 수행 능력 부족이 아니었다. 같은 직장 내 동료들과의 인간관계의 능력 부족 때문이었다.

위 문장을 앞서 배운 여섯 가지 기법을 활용하여 읽어보자. 원고에 끊어 읽기(∨), 스타카토(.), 포즈(∛)등 표시를 하며 연습하면 더 효과적이다. 정답은 없다. 내가 어디를 어떻게 강조하느냐에 따라 각자 다르게 나타난다. 아래의 표시는 필자의 스타일로 읽기 위한 것이지 정답은 아니다. 기법을 달리하여 본인이 발표자가 되어 느낌대로 연습해보자.

어떤 사람이 ∨ 성공할까?
　　　　일시 정지
성공한 사람의 성공 비결에 대하여 ∨ 카네기공과대에서 조사한
　　　　　　　[천천히 읽기]
결과가 있다. ∨ 성공한 사람의 비결은 ∨ 기술과 능력은 15% 미만으로
　　　　　　　　　　　　　　　　　　　[낮게 읽기]
나타났다. ∨ 원만한 인간관계와 공.감. 능.력.은 85% 이상으로
　　　　　　　　[스타카토]　　　[높게 읽기]
조사되었다. ∨ 직장을 잃은 사람들의 해고 원인 중 ∨ 95%는
　　　　　　　　　　　　　　[천천히 읽기]
업무 수행 능력 부족이 아니었다.
[반복하기]
같은 직장 내 동료들과의 ∨ 소통 능력 ∨ 부족 때문이었다.
　　　　　[일시 정지]　　　[일시 정지]

어떤 사람이(일시 정지)

성공 비결에 대하여(천천히 읽기)

15% 미만으로(낮게 읽기)

공.감.능.력(스타카토)

85% 이상으로(높게 읽기)

95%는(천천히 읽기)

업무 수행 능력 부족(반복하기)

동료들과의(일시정지)

소통 능력(일시정지)

•

상상에 상상에
상상을 더해서 _〈상상 더하기〉

• 게임하듯 말이 풀리는 직유의 마법

"수사법을 잘 활용하면 말을 멋스럽게 만들 수 있다. 국어학자가 아닌 이상 굳이 직유법, 도치법, 대조법을 따질 필요는 없다. 다만 내가 말을 잘하고 싶다면 이런 기법을 잘 활용해야 한다. 이를 위해서는 풍부한 어휘력과 감성이 있어야 한다. 수사법을 활용하면 실감 나게 생동하는 말을 할 수 있다."

"연결은 힘의 원천이다. 연결이 끊어져 혼자가 되면 제아무리 강한 존재도 부평초처럼 무력해진다. 바둑도 인생도 마찬가지다."

드라마로 방영되어 더 크게 히트한 웹툰 〈미생〉에 나오는 말이다.

말을 잘하려면 스토리텔링을 해야 한다고 강조한다. 그런데 정작 스토리텔링을 하기 위해선 어떻게 해야 할지 막막하다. 여기서는 스토리텔링을 단계별로 접근해보자.

1단계: 초성으로 낱말 만들기

지금 종이를 준비해서 실제로 한번 해보자. 머릿속에서 상상하는 것보다 내 손으로 직접 해야 효과가 훨씬 좋기 때문이다. 준비한 종이에 'ㄱㄱ'을 적고 'ㄱㄱ'으로 구성된 낱말 3~4개를 적어보자. 고기, 기계, 갈길, 공기 같은 것이다.

같은 방법으로 'ㅎㅇ'을 해보자. 하이, 효율, 환영, 홍어 외에도 많이 만들 수 있다. 'ㅁㅈ'으로도 해보자. 모자, 마진, 민중, 물질을 적었다. 3~4명이 모여서 게임식으로 진행하면 더 효율적이다. 초성 게임이라고도 하는데, 이것을 해보면 몇 가지 재미있는 사실을 발견하게 된다.

첫째, 어린이가 어른보다 훨씬 더 잘한다.

말과 글을 배우기 시작한 어린이는 많은 낱말을 배우고 사용한다. 반면 나이가 들수록 자기가 주로 쓰는 낱말만 사용하게 된다. 어른이 사용하는 낱말이 많을 것 같지만, 어린이가 사용하는 낱말이 더 많다. 어른은 아는 낱말은 더 많지만 주로 사용하는 낱말만 반복적으로 사용한다. 어린이는 어른보다 아는 낱말은 더 적지만 훨씬 폭넓게 사용한다.

남자가 여자와 말싸움을 하면 대부분 못 이긴다. 여자가 사용하는 낱말이 남자보다 2배 이상 많기 때문이다. 아내가 남편에게 뭔가 알려줄 때 꼭 두 번씩 말해야 이해하는 것은 과학이다.

둘째, 얘기하는 낱말만 보고도 말 잘하는 사람인지 그렇지 못한지를 알 수 있다. 앞에서 선택한 낱말을 다시 살펴보자.

① ㄱㄱ: 고기 기계 갈길 공기
② ㅎㅇ: 하이 효율 홍어 환영
③ ㅁㅈ: 모자 마진 민중 물질

이것을 다시 그룹 지어 보겠다.

①-1 고기 기계 하이 모자
②-1 효율 마진 공기 홍어
③-1 갈길 환영 민중 물질

다시 그룹을 지은 기준이 무엇일까? ①-1부터 ③-1로 구분한 기준은 바로 받침이다. 말하기에 두려움은 겪는 집단은 ①-1처럼 받침이 없는 낱말 중에서만 유추해 낸다. 몇 개의 낱말을 말하고 나서는 '생각이 안 나요' 또는 '더는 없는 것 같아요' 라고 말한다.

한글은 자음+모음으로 구성되었다. 더불어 자음+모음+자음받침으로도 구성이 된다. 첫째 경우만 생각하고 포기해 버리는 것이다. 본인이 적어놓은 종이를 한번 살펴보자. 사고의 틀이 좁을수록 선택할 수 있는 낱말의 숫자가 줄어든다.

반면 말을 잘하는 사람일수록 ②-1, ③-1처럼 받침이 한 개 또는 두 개 사용되는 낱말까지도 생각해낸다. 이런 사소한 생각의 차이가 화술의 차이까지로 이어진다.

말하기를 어려워하는 이가 하는 말은 특징이 있다. 지루하고 재미없다. 구사할 수 있는 낱말의 수, 즉 어휘력의 차이 때문이다. 이게 반복되면 어휘력은 점점 퇴화한다. 말하기가 점점 더 어렵고 두려워진다. 악순환이 계속된다.

2단계: 문장으로 만들기

1단계에서 만들어진 단어 중 무작위로 세 개를 골라본다. 예를 들어 [고기, 홍어, 환영]을 골라보자. 이 세 단어가 포함된 문장을 만들어보자. 단어의 순서는 관계없으며 중복해서 사용해도 무관하다.

[오늘따라 '고기' 가 먹고 싶다. 고기가 없으니 '홍어' 라도 먹어볼까? 홍어도 '환영' 합니다.]

예시된 단어 외에 본인이 종이에 적었던 단어로도 연습해보자.

처음에는 연관성이 있거나 연결하기 좋은 단어를 고르면 더 좋다. 좀 더 심도 있게 연습하려면 전혀 연관성이 없는 단어를 골라보자. 위 예시에서 [기계, 효율, 마진]은 '이 기계는 효율성이 좋아서 마진율이 높아요' 하는 것처럼 연결하기가 쉽다. 상대적으로 [기계, 갈길, 물질]은 연결하려면 쉽게 떠오르지 않는다.

문장 만들기가 어렵게 느껴진다면 [기계, 효율, 마진]을 고르면 된다. 반면 어렵지만 좀 더 공부하고 싶다면 [기계, 갈길, 물질]을 고르자. 필자는 후자를 권유하는 편이다. 어려운 것에 자꾸 도전해야 실력이 향상된다.

언제나 아무 때나 연습할 수 있다. 굳이 종이에 적지 않아도 지금 주변에 보이는 세 가지를 떠올려보자. [컴퓨터, 전화, 볼펜]으로 연습해보자.

[볼펜이 컴퓨터 자판으로 떨어져서 당황했는데 그 순간 전화까지 울리다니!]

이것 또한 정답이 없다. 본인이 하고 싶은 대로 하는 것이다. 다만 즉흥적으로 만든 문장이기 때문에 문맥이 이상할 것이다. 처음에 만든 문장에서 더 다듬어 문맥에 맞도록 고민하며 고치는 연습까지 해보자.

[전화를 받다가 메모를 하려고 볼펜을 찾아보니 안 보이네. 컴퓨터만 쓰다 보니 볼펜이 없구나.]

조금 다듬어보자.

[전화 메모를 하려니 볼펜이 없네. 컴퓨터에 입력하자.]

이런 식으로 연습해보면 문장이 점점 다듬어진다. 평소 이런 연습을 자주 해두면 '말하기'에도 적용할 수 있다.

내가 하고 싶은 말의 핵심 단어 세 가지만 머릿속에 담아두고 말하는 것이다. 예컨대, 인사말을 하는 자리라면 말하기에 앞서 꼭 말하고 싶은 핵심 단어를 먼저 생각하자.

안녕하십니까? 사장 김병석입니다.
바쁘신 가운데 모여주신 직원 여러분, 감사합니다.
저는 직원 여러분께 꼭 강조하고 싶은 것이 있습니다. 직원 간

'화합' 입니다. 화합은 우리를 하나로 만들어줍니다. 신명 나게 일하는 분위기를 만들기 위해 저 또한 노력하겠습니다. 아울러 방문객에게는 항상 '친절' 해야 합니다. 웃는 얼굴에 침 뱉을 수 없지 않습니까? 항상 친절을 머릿속에 상기하고 일해주시기 바랍니다.

그러면 고객과도 '동행' 할 수 있습니다. 직원 간 화합하고 친절하면 동행은 자연스럽게 따라올 것입니다. 저는 직원을 넘어 고객과도 동행하는 회사를 만들고 싶습니다.

사장이 꼭 말하고 싶은 핵심 내용은 [화합, 친절, 동행] 세 단어로 압축된다. 핵심 단어 준비 없이 무작정 말하면 횡설수설하는 경우가 많다. 꼭 말하고 싶은 단어 세 개를 염두에 두면 말의 품격이 달라진다. 꼭 말하고 싶은 단어 서너 개를 미리 생각한다. 그 단어들을 어떻게 연결할지 고민한다. 스토리텔링은 의외로 쉽게 풀린다.

3단계: 시인처럼 말하기

무슨 말을 해도 시처럼 들리는 비법이 있다. 비유법을 잘 활용하면 말이 시처럼 변한다. 대표적인 것이 직유법이다. '마치, 처럼, 듯, 인 양' 등을 사용하는 것이다.

'구름이 지나갑니다.' 왠지 밋밋하다. 이때 직유법을 활용한다. '구름이 강물처럼 흘러갑니다.' 2D가 3D, 4D로 변화한다. 말에 생동감이 생긴다. 구름은 자유로운 나그네입니다. 은유법이다. 흘러가는 구름이 마침내 시詩가 된다.

말을 잘하는 사람일수록 살아 숨 쉬는 말을 한다. 비밀은 직유법, 은유법을 잘 활용하는 것이다. 은유법은 차원이 아주 높은 비유법이어서 일반인이 자유롭게 구사하기에는 다소 어려움이 있다. 그러나 직유법은 '마치, 처럼, 듯, 인 양'을 기억하면 손쉽게 구사할 수 있다.

평서문	직유법	은유법
아침밥이 중요하다 →	보약 같은 아침밥 →	아침밥은 사랑입니다
당신은 아름답다 →	별처럼 빛나는 당신 →	당신은 한 송이 장미

은유법을 구사하려면 아침밥에서 사랑을 찾아야 하며, 아름다움을 표현할 장미라는 단어를 생각해내야 한다. 그러나 직유법은 '아침밥은 ○○ 같은'까지를 생각하면 무엇과 비교할까 고민하면 된다. '당신은 아름다운데 무엇만큼 무엇처럼 아름다운가'를 생각하면 된다. 은유법을 능수능란하게 사용하기에는 다소 어려움

이 따른다. 때로는 너무 과하다는 평을 받기도 한다.

직유법은 '마치 ~처럼', '~같이', '~인 듯', '~인 양' 같은 연결구를 기억하면 비교적 쉽게 사용할 수 있다.

앞선 김병석 사장의 인사말에 직유법을 적용해보자.

안녕하십니까? 사장 김병석입니다.

바쁘신 가운데 모여주신 직원 여러분, 감사합니다.

저는 직원 여러분께 꼭 강조하고 싶은 것이 있습니다. 직원 간 화합입니다. 화합은 '마치 용광로처럼' 우리를 하나로 만들어 줍니다. '마당놀이같이' 신명 나게 일하는 분위기를 만들기 위해 저 또한 노력하겠습니다. 아울러 방문객에게는 '내 부모인 양' 항상 친절해야 합니다. 웃는 얼굴에 침 뱉을 수 없지 않습니까? '신주단지 모시듯' 항상 친절을 머릿속에 넣고 일해주시기 바랍니다.

그러면 고객과도 동행할 수 있습니다. 직원 간 화합하고 친절하면 동행은 '한 몸인 양' 자연스럽게 따라올 것입니다. 저는 직원을 넘어서 고객과도 '가족처럼' 동행하는 회사를 만들고 싶습니다.

앞선 인사말에 비해 좀 더 생동감이 생긴다. 아울러 '말을 참 아름답고 시적으로 하는구나' 라는 느낌을 주며 사장의 품격이 느껴진다.

4단계: 종합하여 문장 만들기

2단계에서 연습했던 문장 만들기에 직유법을 적용해보자. 2단계에서 무작위로 고른 단어 세 개를 직유법을 활용해 문장으로 만들어보자.

[전화 메모를 하려니 '감쪽같이' 볼펜이 없어. '메모지인 양' 컴퓨터에라도 입력하자.]

앞선 예시보다 문장이 좀 더 살아난다.

이러한 연습은 평소에도 얼마든지 할 수 있다. 출근길 운전하다가 주변에 보이는 것을 떠올려보자. [신호등, 학생, 현수막]을 이용하여 문장을 만들되 직유법을 활용해보자.

신호등을 기다리는 저 학생은 학원 현수막만 보아도 숨이 막히며 여유가 없겠지.

빨강, 파랑, 노랑 신호등처럼 인생도 멈출 때, 가야 할 때, 기다릴 때가 있는데, 학원 현수막만 보아도 숨이 막힐 것 같은 학생들은 그런 여유가 없겠지.

어느 경우가 시처럼 느껴지는가? 스피치 공부할 시간이 없다는 것은 핑계일 뿐이다. 운전하다가, 일하다가 잠시 짬을 내서, TV를 보다가도 단어 세 개를 떠올리며 연습하면 된다. 지금 주변에 보이는 것 세 가지를 직유법을 활용해 문장 만들기 연습을 해보자.

이처럼 말이나 글을 꾸미고 다듬는 방법을 수사법修辭法이라 한다. 수사법에는 비유법, 강조법, 변화법이 있다. 비유법에는 직유, 은유, 제유, 환유, 의인, 활유 등이 있다. 제유는 전체를 일부로 또는 일부를 전체로 나타내는 것이다. "빵이 아니면 죽음을 달라"에서 빵은 빵bread 그 자체가 아닌 끼니를 이을 식량food을 뜻한다.

환유는 대표하는 것이다. '사각모'는 단순한 모자가 아니라 '대학' 또는 '학력'을 암시한다. '으르렁거리는 오토바이'처럼 사물이 사람인 듯 표현하는 것은 의인법이다.

유용한 수사법 중에 변화법도 있다. 단조롭고 지루하게 느껴지지 않도록 변화를 주어 느낌을 새롭게 한다. 설의, 도치, 대조, 대구, 반어법 등이 있다.

설의는 "독립을 원하십니까?" 처럼 질문 형식으로 강조한다. 어순을 바꾸는 도치는 "저는 기원합니다, 대한 독립을" 처럼 극적 효과를 나타낸다.

대조법은 상반되는 의미의 대구를 배치하는 문장으로 "달면 삼키고, 쓰면 뱉는다" 같은 표현이다. 대구법은 비슷한 의미의 대구를 배치하는 문장으로 "콩 심은 데 콩 나고, 팥 심은 데 팥 난다" 같은 표현이다.

이처럼 수사법을 잘 활용하면 말을 멋스럽게 만들 수 있다. 국어학자가 아닌 이상 굳이 직유법, 도치법, 대조법을 따질 필요는 없다. 다만 내가 말을 잘하고 싶다면 이런 기법을 잘 활용해야 한다. 이를 위해서는 풍부한 어휘력과 감성이 있어야 한다. 수사법을 활용하면 실감 나게 생동하는 말을 할 수 있다.

별처럼 수많은 사람들 그중에
그대를 만나 _〈그중에 그대를 만나〉

• 말은 레고다. 분해하고 조립해보자

> "말하기에 앞서 '왜, 무엇을, 어떻게 말할 것인지' 를 반드시 먼저 생각해야
> 한다. 말을 하는 궁극적인 목적이기 때문이다. 이것을 생각지 않고 마구잡이
> 로 뱉어내면 상황에 맞지 않는 엉뚱한 말을 하게 된다. 무슨 내용인지 도무지
> 알 수 없는 말을 하게 된다. 말의 형식이 만들어지지 않으면 정리되지 않고
> 횡설수설하며 무슨 말인지 알 수 없게 된다."

"한 조각을 잃어버려 이가 빠진 동그라미 슬픔에 찬 동그라미
잃어버린 조각 찾아 떼굴떼굴 길 떠나네. 어디 갔나 나의 한쪽 벌
판 지나 바다 건너 갈대 무성한 늪 헤치고 비탈진 산길 낑낑 올라
둥실둥실 찾아가네."
항공대 출신의 록밴드 '활주로' 가 부른 〈이 빠진 동그라미〉의
노랫말이다.

어떤 이가 말하면 때때로 무슨 말을 하는지, 무엇이 중요한지 당최 이해할 수 없다. 말을 할 때 무엇을 생각하고 말해야 하는지 망각하기 때문이다. 내가 작성한 원고든, 타인이 작성해서 건네준 원고든 읽어야 할 때가 있다. 원고 내용 중 핵심이 무엇인지 파악하면 의미 전달이 더 수월하다. 앞장에서 중요 단어 서너 개를 준비하여 말하는 법을 배웠다. 여기서는 그것과 연계하여 핵심을 잡아서 말하는 방법에 대해 알아보자.

어떤 자리에서 말을 할 때는 세 가지를 명심해야 한다.

1) 나는 왜 말하는가?
2) 나는 무엇을 말할 것인가?
3) 나는 어떻게 말할 것인가?

이 가운데 가장 중요한 것이 뭘까? 바꿔 말하면, 어떤 부분에 가장 주안점을 두어야 할까?

'왜why 말하는가'는 말하게 되는 '상황'이다. 자기 소개, 리더의 인사말, 상급자의 업무지시, 하급자의 보고, 회사원의 실적 발표, 판매원의 상품 설명, 회식 자리의 건배사, 선생님의 설명, 학생의 질문 등 말해야 하는 상황은 무한대이다.

'무엇what을 말하는지' 는 말의 '내용' 이다. 인사말 자리에서 실적 발표를 해서는 안 된다. 건배사에서 업무지시를 해서는 안 된다. 질문하고 싶으면 궁금한 걸 물어야지 자기소개를 해서는 안 된다.

'어떻게how 말하는지' 는 말의 '형식' 이다. 자기 소개라면 자기소개답게, 업무 보고라면 보고답게, 인사말답게, 건배사답게 말하는 것이다. 앞에서 "말은 형식이 내용을 지배한다"고 했다. 말의 형식을 만드는 데 주안점을 둬야 하는 이유다. 말하기에 어려움을 겪는 많은 이들이 의외로 형식의 중요성을 잘 모르고 무시한다.

말하기에 앞서 이 세 가지를 반드시 먼저 생각해야 한다. 말을 하는 궁극적인 목적이기 때문이다. 이것을 생각하지 않고 마구잡이로 뱉어내면 상황에 맞지 않는 엉뚱한 말을 하게 된다. 무슨 내용인지 도무지 알 수 없는 말을 하게 된다. 말의 형식이 만들어지지 않으면 정리되지 않고 횡설수설하며 무슨 말인지 알 수 없게 된다.

살다 보면 이런저런 어려움이 있고 그렇지만 사람은 그런 것을 극복해나가는 열정이 어디에서 생기느냐면 이런 보람 나라와 지역이 발전해가는 한 걸음을 내딛었구나 그런 데서 어떤 일이 있어도 참 기쁘게 힘을 갖고 나아가는 에너지를 얻게 되는 것이 아닌가 하는 생각을 했습니다.

누구의 말인지 알 만한 사람은 알 것이다. 정치적인 호불호를 떠나서 무슨 말인지 알 수 있는가? 오죽하면 번역기가 필요하다고 할까?

글쓰기를 잘하는 제1원칙은 짧게 단문으로 쓰는 것이다. 말 또한 마찬가지다. 간결해야 한다. 깔끔해야 한다. '무엇을 왜 어떻게' 말해야 할지를 미리 생각해야 한다.

한 문장이 깔끔하게 끝나지 않으면 다음 문장의 개연성이 떨어진다. 블록버스터 영화라고 해서 무작정 부수고 터지며 폭발하진 않는다. 성공한 영화일수록 탄탄한 스토리 전개는 기본이다. 뜬금없는 스토리 전개는 단순한 눈요기일 뿐 기억에 남지 않는다. 좋은 말이란 더 넣을 말이 없는 상태가 아니다. 더 뺄 것이 없는 상태가 가장 좋은 말이다. 꼭 필요한 핵심만 남기면 더 뺄 것이 없다.

그럼 이제 말과 글을 분해 · 조립해보자. 말 전개를 개연성 있게 펼치는 연습을 해보자. 〈고도원의 아침편지〉 중 한 대목을 가져왔다. 다음을 읽고 주요 단어나 구절을 10개 내외로 정리해서 메모해보자. 필자의 답이 정답은 아니다. 개인마다 취향이 다르고 선택의 기준이 다르다. 개연성 있는 글의 전개에 주안점을 두고 연습해보자.

콧노래를 불러본 지 도대체 얼마나 되셨나요? 콧노래는 기분 좋을 때 나옵니다. 무언가 안에서 흥이 날 때 저절로 터집니다. 쉼 없이 바쁘기만 한 일상, 무작정 질주하다 보면 잃는 것이 많습니다. 여유도, 건강도, 행복도… 콧노래마저 잃고 맙니다.

[콧노래, 오래됨, 기분 좋음, 흥, 저절로, 바쁜 일상, 무작정 질주, 잃는 것, 여유, 건강, 행복, 콧노래마저도 잃음]

12개로 정리되었다. 이 중에서 더 중요한 것 6개로 줄여보자.

[콧노래, 오래됨, 바쁜 일상, 여유, 행복, 잃고 맘]

더 중요하다고 생각되는 단어 3개로 줄여보자.

[오래됨, 행복, 잃고 만다]

중요한 핵심 단어를 골라내는 것 또한 능력이다. 이 문단이나 이 문장에서 말하고 싶은 주제에 맞는 것을 고른다. 때로 약간 변형해도 상관없다. 공부 잘하는 학생의 특징은 학습 내용 '정리'를 잘한다는 것이다.

말을 잘하는 사람은 글을 읽고 정리하며 파악을 잘한다. 말하기에 어려움을 겪는 이는 핵심 단어 고르기에도 어려움을 겪는다. 이런 이들은 대부분 책을 읽어도 내용을 대충 파악한다. 한번 읽었던 내용을 정리해서 말하기도 어려운데 즉석에서 말하기가 쉽게 될 리 없다.

긴 내용을 짧게 압축하는 연습이 필요한 이유다. 다만 한꺼번에 두세 단어를 골라내기 어려우니 처음에는 자유롭게 생각대로 고른다. 그 이후에 절반으로 줄이고 다시 절반으로 줄여보는 것이다. 여기서는 편의상 아주 짧은 글로 예시를 보였다. 긴 글이나 수필, 시, 소설을 읽고 압축하는 연습을 많이 해보면 그리 어렵지 않다. 10권이 넘는 대하소설도 때로는 한두 단어로 압축할 수 있다.

이제는 연습한 과정을 반대 방향으로 가본다. 마지막에 남겨진 세 단어 [오래됨, 행복, 잃고 만다]를 포함하여 문장으로 말해보자. 앞에서 배웠던 세 단어로 문장 만들기와 비슷한 연습이다.

절친한 친구라고 해도 만남이 '오래' 되면 '행복' 한 기억도 '잃어버리죠'.

그 다음 두 번째 골랐던 [콧노래, 오래됨, 바쁜 일상, 여유, 행복, 잃고 맘] 여섯 단어를 포함하여 문장을 말해보자.

'바쁜 일상' 으로 집사람과 데이트를 한 지도 '오래' 되었습니다. 연애할 때는 '콧노래' 를 부르며 '행복' 했는데, 지금은 그런 '여유' 마저도 '잃고 말' 았네요.

그 다음은 [콧노래, 오래됨, 기분 좋음, 흥, 저절로, 바쁜 일상, 무작정 질주, 잃는 것, 여유, 건강, 행복, 콧노래마저도 잃음] 12개를 포함해서 말해보자.

'콧노래마저도 잃을' 정도로 '바쁜 일상' 을 사는 사람들이여. '무작정 질주' 하지 마세요. 꽃향기를 '잃어' 버린 지 너무 '오래' 되었지요? 오늘은 꽃을 보는 '여유' 를 가져보세요. 꽃이 당신에게 '행복' 하세요, '건강' 하세요, 라고 말할 거에요. '기분이 좋아지며' 잃어버린 '콧노래' 가 다시 나올 겁니다. 생각만 해도 '저절로', '흥' 이 나는 '행복' 한 삶을 우리도 살 수 있다고요.

원본과 똑같이 말할 필요는 없다. 토씨 하나 틀리지 않고 똑같이 말한다면 그것은 말하기가 아니라 단순 복사일 뿐이다. 원본 내용과 달라져도 괜찮다. 주어진 단어를 내 스타일로 만들어보는 것이 중요하다. 이런 연습이 선행되어야 내가 말할 때 압축해서 말할 수 있다.

앞에서 주변에서 보이는 단어 3개로 문장 만들기 연습을 해보았다. 연습을 철저히 했다면 지금의 연습이 한결 더 쉬울 것이다.

한 단계 더 발전한다면 '직유'를 포함해서 내 스타일로 재탄생시키는 연습을 해보자. 레고 블록을 조립하듯이 말의 블록^{핵심 단}어를 활용하여 말을 분해하고 재조립해보는 것이다. 레고도 처음에는 설명서대로 조립하지만, 시간이 지나면 내 마음대로 이렇게도 해보고 저렇게도 해보지 않는가.

똑같은 재료를 가지고 요리를 해도 요리사에 따라 맛이 달라진다. 똑같은 핵심 단어를 가지고 말을 해도 말의 맛이 달라진다. 어떻게 맛있는 말을 하느냐는 말하는 이의 실력에 따라 달라진다.

스토리텔링은 한없이 어렵다. 그러나 때로는 한없이 쉽기도 하다. 말의 구조를 이해하고 분해하고 재조립해보자. 구슬은 서 말 준비되었으니 열심히 꿰는 연습을 해보자. 다음과 같은 상황을 상상하며 예시를 통해 연습해보자.

나는 지금 왜 말하는가?

우리 아이 어린이집 일일 과학교사 체험을 한다.

나는 지금 무엇을 말하려 하는가?

남극과 북극 중 어디가 더 추운지 학생들에게 설명하려 한다.

나는 어떻게 말하려 하는가?

두 지역의 비슷한 점과 차이점을 먼저 설명한다. 그 이후 어떤 이유로 남극이 더 추운지 명확하게 알려준다.

남극과 북극 중 어디가 더 추울까?

물론, 두 지역 모두 지구에서 가장 추운 곳이지만, 남극의 평균 기온은 영하 55℃ 정도로 북극의 영하 35~40℃에 비해 훨씬 춥다. 북극은 바다이기 때문에 물에 의한 온도 조절이 가능하기 때문이다. 남극과 북극은 모두 얼음으로 뒤덮여 비슷한 모양을 하고 있지만, 남극은 땅 위에 얼음이 있는 것이고 북극은 바닷물 위에 얼음이 떠 있는 것이다.

1차 핵심 단어 10개 내외 [   ]

2차 핵심 단어 5개 내외 [   ]

3차 핵심 단어 3개 내외 [   ]

설명을 잘하기 위한 5가지 비결

제아무리 좋은 제안도 설명을 잘하지 못하면 상대방의 마음을 움직이기 어렵다. 사적인 대화에서도 설명을 잘해야 불필요한 오해를 피할 수 있다. 어떻게 하면 설명을 잘할 수 있을까?

1. 먼저 상대방의 생각을 의식한다

설명은 소통이고, 소통에는 늘 상대가 있으므로 일방통행식 설명은 있을 수 없다. 설명하는 중에 상대방이 설명을 잘 따라오고 있는지, 이야기가 지루하지는 않은지 의식하면서 설명을 잘 조절해야 한다.

2. 상대방의 이해도에 맞춰 설명한다

전문 학자들의 설명이 일반인에게 와 닿지 않는 이유는 대중의 눈높이에 맞춰 설명하지 않기 때문이다. 다시 말해, 전문 학자의 입장에서 설명을 하기 때문에 그런 것이다.

3. 설명의 범위를 미리 정한다

말을 하다 보면 배가 산으로 가는 경우가 많다. 설명이 방향을 잃으면 한없이 늘어져 아무도 듣지 않게 된다. 그러므로 설명은 미리 방향과 범위를 분명하게 정한 다음에 그 안에서 간결하게 하는 것이 중요하다.

4. 결론을 먼저 말하고 주장과 근거를 말한다

이야기의 전제가 갖춰졌다면 결론부터 말하는 것이 청중을 집중시키기에 좋다. 또 그래야 이야기가 엉뚱한 길로 빠지는 것도 막을 수 있다. 그 결론에 맞춰 주장을 제안하고, 주장의 근거를 말하면 되기 때문이다.

5. 근거와 이유는 객관적 사실에 기초하여 말한다

결론과 주장이 아무리 매력적이고 솔깃해도 근거와 이유가 탄탄하지 않으면 신뢰를 얻지 못한다. 그러므로 결론과 주장을 뒷받침하는 근거를 확보하는 데 많은 시간과 노력을 투자할 필요가 있다.

소울 스톤

영혼을 끌어 모아 말을 완성시키다

01

.

당신 없는 이 세상은 아무런 의미가 없어요 _〈당신의 의미〉

• 말은 의미 한 스푼, 교훈 한 그릇, 감동 한 상

"건배사나 인사말 또는 강연에 적절하게 써먹을 명언이나 명대사는 많고도 많다. 찾아내 내 것으로 바꿔서 사용하지 못할 뿐이다. 말해야 할 상황에 닥쳤을 때에서야 준비하려면 늦다. 평소 연습과 훈련으로 말하기에 대한 준비가 이미 완료되어야 말하기의 프로다."

"난 장점이 없다. 잘하는 것도 없다. 하지만 난 다 못하기에 다 열심히 한다. 남들에게 별 것 아닌 것 하나를 얻기 위해 나는 인생을 바친다. 밤새워 고민하고 쓰고 읽고 말하고 행동한다. 나는 포기하지 않는다. 그 흔한 재능 하나도 없기에 나는 모든 것에 사활을 건다. 맞다. 나는 노력을 잘한다."

텀블벅 펀딩 프로젝트로 출간 전부터 떠들썩했던, 태수·문정 공저의《1㎝ 다이빙》에 나오는 구절이다.

인간은 본능적으로 호기심을 타고난다. 어린아이는 모르는 것이 아는 것보다 많다. 이 세상 모든 것이 궁금하다. 무언가 알아가는 것이 신기하고 재미있다.

호기심이 생긴다는 것은 관심이 있다는 것이다. 관심이 없으면 궁금하지 않고, 궁금하지 않으면 알고 싶지 않다. 요즘 말로 '안물안궁'이라 한다. 안물안궁인 상태에서 아무리 좋은 말을 해도 상대의 귀는 열리지 않는다. 관심이 없고 호기심이 없기 때문이다. 반면에 관심과 호기심이 생기면 귀를 세우고 듣게 된다.

따라서 말은 상대의 호기심을 자극해야 한다. 내가 하고 싶은 말이 아니다. 내가 하고 싶은 말을 하되 상대의 호기심을 자극하며 말해야 한다.

말의 소유권은 누구에게 있을까? 말은 누구의 것일까?

내 입을 통해서 나온 말은 배출된 순간 내 것이 아니다. 듣는 사람의 것이다. 이 점을 명심해야 한다. 듣는 이가 없는 말은 말이 아니다. 의사 전달 혹은 정보 전달의 기능을 하지 못하는 말은 말이 아니다. 한낱 소리에 불과하다. 말이란 쌍방 간의 상호 작용이다.

심지어 혼잣말조차도 내가 나에게 하는 말이다. 많은 이들이 '내가 하는 말은 내 것이다' 착각한다. 김춘수 시인은 "내가 그의 이름을 불러주었을 때 비로소 꽃이 되었다"고 했다. 말이란 듣는 이가 이해해야 비로소 말이 된다.

이 점을 간과하면 혼자 떠들게 된다. 나는 말했지만 듣는 사람이 없다. 정확히 말하면 기억하는 사람이 없는 것이다. 특히나 지위가 높을수록, 권력을 가질수록, 나이가 많을수록 더 심해진다. '나는 할 말 다 했으니 이해는 너희가 알아서 하라'는 우월감으로 착각에 빠진다.

듣는 사람은 어떨 때 기억할까?

첫째, 내게 필요한 정보가 있을 때다. 학생은 선생님이 제공하는 정보를 기억해야 성적이 오른다. 성적에 관심이 없거나 이미 아는 내용이라면 관심을 두지 않는다. 나에게 필요한 것은 기억하려 노력하되 필요 없다면 애써 기억하지 않는다. 직장 상사와 직원 간의 대화, 고객과 판매원의 대화도 똑같다.

일상적인 말하기도 마찬가지다. 나에게 필요한 정보가 아니라면 관심 없다. 관심이 없으면 기억되지 않는다. 기억되지 않으면 저장 없이 그냥 흘러간다. 따라서, 듣는 이에게 '필요한 정보를 말해야' 한다. 꼭 필요한 정보가 아니라면 차선책으로 '필요한 정보가 될 수 있도록 말해야' 한다. 그것도 아니라면 차차선책으로 필

7장 소울 스톤 - 영혼을 끌어모아 말을 완성시키다

요한 정보임을 인지하여 '관심을 두도록 말해야' 한다. 그마저도 힘들다면 차차차선책으로 필요한 정보에 대한 '호기심을 갖도록 말해야' 한다.

둘째, 공감할 때다. 공감이란 남의 주장이나 감정, 생각 따위에 찬성하여 자기도 그렇다고 느끼는 감정이나 마음이다. 말하는 이의 주장에 '맞아. 나도 그래' 혹은 '아 그랬구나. 저 말이 맞아' 라는 생각이 든다면 상대에게 공감하는 것이다. 상대에 공감하게 되면 말하는 이의 말과 생각에 내 감정을 같이 싣게 된다. 이것이 이심전심이다. 당연히 듣는 이는 집중하게 된다.

따라서 상대방을 내 말에 집중하고 경청하게 하려면 최소한 두 가지 중 하나는 충족되어야 한다. 상대방에게 필요한 '정보'를 말하거나 상대방을 '공감' 시키는 것이다. 그런데 정보는 상대적이다. 나에겐 의미가 있지만, 상대방에겐 무의미할 수 있다. 또 그 반대일 수도 있다. 그러므로 정보를 제공하는 것보다 공감시키는 것이 말하기에서 더 고급 기술이다. 공감시키려면 무엇을 어떻게 해야 할까?

가짜 뉴스의 영향으로 '팩트 체크' 라는 말이 유행이다. 팩트는 가감 없는 정확한 정보다. 정황상 판단, 추론, 상상, 개인적 견해가 전혀 없다. 팩트는 정확하고 변함없는 이성적 판단이다. 앞서 언급한 가장 필요하며 신뢰할 수 있는 정보다. 따라서 팩트를 말하면 신빙성이 높아진다. 말하기에서 아주 중요한 요소다.

그러나 팩트는 냉정하다. 감정이 없다. 따라서 팩트로만 말하면 딱딱하다. 경청하게 만드는 공감이라는 감정이 생기지 않는다.

말을 잘하려면 이 점을 유의해야 한다. 신뢰성 확보를 위해, 위엄과 권위를 살리기 위해, 혹은 전문 지식을 자랑하기 위해 팩트 위주로 말하는 경우가 많다. 그러나 듣는 이는 팩트를 무미건조하게 받아들일 뿐이다. 무조건 외우라고 하는 주입식 교육이다. 단순히 말하는 이가 정보를 주입할 뿐 듣는 이의 생각은 없다.

말이란 자신의 생각, 감정, 신념, 느낌의 표현이다. 이것이 없으면 말은 소음이다. 말을 소음으로 만들면 안 된다. 말은 말답게 해야 말이다. 말을 말답게 해야 말로써 진정한 가치와 의미가 생긴다. 말은 내 것이 아니라 듣는 사람의 것임을 다시 한 번 명심하자.

듣는 이가 말을 듣고 생각, 감정, 신념, 느낌이 생겨야 비로소 말이 된다. 말을 말답게 하니 말로서 가치와 의미가 부여된 것이다. 말에 가치와 의미가 부여되면 교훈이 생긴다. 사람은 교훈을 얻으면 각성하며 감동한다.

반면에 팩트는 사람을 감동시키지 못한다. 팩트는 객관적인 사실일 뿐이기 때문이다. 그 이상의 다른 의미가 없다. 의미가 없으니 교훈이 생기지 않는다. 교훈이 없으니 사람을 감동시키지 못한다. 감동을 주기 위해서는 의미와 교훈이 담겨야 한다.

의미와 교훈은 사례, 일화, 에피소드를 통해 부여할 수 있다. 일화에 의미를 부여하면 교훈이 생긴다. 교훈은 깨달음과 감동을 준다. 말을 잘하는 사람은 주변에 널리고 널린 사례에 의미를 부여하여 교훈을 만든다. 교훈을 통해서 깨달음은 선사한다. 어느 사장의 인사말이다.

직원 여러분, 안녕하십니까?
저는 오늘 꼭 한 가지를 약속드리겠습니다. 직원 여러분께서 하시는 모든 일은 제가 앞장서서 솔선수범하겠습니다. 어렵고 힘들 때 사장인 저는 공장에서 숙식을 해결하며 여러분과 함께 했습니다. 제가 선두가 되어 앞에서 열심히 이끌어가겠습니다. 그러니 실패에 두려움을 갖지 말고 열심히 해주십시오. 어떤 결과가 나와도 제가 책임지겠습니다. 앞에서 올바른 길로, 좋은 길로 인도해야 하는 저도 두렵고 떨립니다. 하지만 제가 흔들리면 여러분 모두가 흔들리기에 오로지 한길만을 생각하며 똑바로 나가겠습니다. 망망대해의 선장처럼 제가 길을 찾아가 겠습니다. 저를 믿고 따랐는데 결과가 안 좋다면 그건 제가 길을 잘못 인도한 것입니다. 결과를 두려워하지 말고 저를 믿고 따라주십시오. 반드시 좋은 결과로 보답하겠습니다.

경영자로서 자신이 솔선수범할 테니 믿고 따라와 달라는 내용이다. 자신을 낮추고 겸손하게 말하려 애쓰는 인사말이다. 직원들은 무슨 생각으로 듣고 있을까? '우리 사장님 믿고 의지할 만한 멋진 분이네', 그럴까?

같은 내용에 일화를 첨가하여 의미와 교훈을 넣어보자.

직원 여러분, 안녕하십니까?

어제저녁, 집에서 작은 소동이 있었습니다. 화장실을 가다가 발에 바짓단이 밟혀 찢어졌습니다. 아내는 바쁘고 해서 어설프지만 제가 직접 바느질을 했습니다. 삐뚤빼뚤 엉망으로 했다고 아내에게 혼났습니다. 제가 봐도 엉망이더군요. 그러다 한 가지를 깨달았습니다.

여러분! 엉망으로 된 바느질 결과는 실이 잘못했나요? 바늘이 잘못했나요? 실은 아무 죄가 없습니다. 그저 바늘 가는 대로 따라갔을 뿐입니다. 이 회사의 선장인 제가 가는 대로 직원 여러분이 따라오는 것입니다. 바늘이 잘못 가면 바느질이 엉망이듯이 제가 잘못 가면 결과가 엉망으로 나온다는 걸 깨달았습니다. 제가 정신을 똑바로 차리고 한길로 나가야겠다는 다짐을 했습니다. 여러분이 저를 믿고 따라와 주신다면 반드시 좋은 결과로 보답하겠습니다.

직원들은 무슨 생각을 할까? 인사말 하면서 갑자기 웬 바느질 얘기를 하는 거야? 무슨 말을 하려는 거야? 바느질의 결론은 뭘까? 하며 경청한다. 호기심이 유발되면서 집중하게 된다. 후자의 경우에는 바느질 얘기가 8할이고, 진짜 하고 싶은 말은 단 두 줄로 줄였다. 그러나 임팩트는 전자보다 훨씬 강력하다. 단순한 바느질이라는 일화에 의미를 부여하여 교훈이 생겼기 때문이다.

사장으로서 열심히 하겠다는 팩트로 가득 찬 전자의 인사말보다 바느질의 일화를 통해 사장의 의지를 보여준 후자의 인사말이 감동을 주고 기억에 남는다. 이런 사례는 주변에 넘친다. 우리가 사례를 찾지 못할 뿐이다. 아니, 정확하게 말하면 찾으려 노력하지 않을 뿐이다.

사례에 의미를 부여하려면 다른 시각으로 보아야 한다. 그러면서 깨달아야 한다. '관조적 시점'이라는 말이 있다. 제삼자가 되어 멀리서 바라보는 것이다.

내 주변의 일상을 관조적 시점으로 보면 다른 면이 보인다. 이런 연습이 계속되면 일상의 사례에 의미를 부여하는 힘이 생긴다. 의미에 교훈이 부여되면 깨달음이 생긴다.

정원의 장미를 손질하다가 가시에 찔려 손을 다쳤다. 누구에게나 일어날 수 있는 일이다. '장미 손질하다가 손을 다쳤다'는 팩트다. 이것만 말하면 일상적인 수다를 통한 정보 전달이다. 손의 피를 닦다가 불현듯 '예쁜 장미에 나쁜 가시가 있는 게 아니라, 나쁜 가시나무에 예쁜 장미가 피었네'라는 생각이 들었다. 시각을 달리하니 전혀 다르게 보였다.

지난주에 자재부 김 대리와 업무 협조로 언쟁이 있었다. '김 대리로서는 당연히 그렇게 했겠구나'라는 생각이 들었다. 장미와 가시를 통해 김 대리 처지에서 생각해보니 내가 무례했음을 깨달았다.

"김 대리님, 장미를 손질하다가 이런 깨달음을 얻었습니다. 김 대리님으로서는 당연히 그러실 수 있다는 생각이 들었습니다. 진심으로 죄송합니다."

김 대리에게 지난주 언쟁에 대해 그저 사무적으로 "미안합니다"라고 하는 경우와 어떤 차이가 있을까?

장미 가시에 찔렸다. 예쁜 장미에 있는 나쁜 가시가 아니라, 나쁜 가시에 있는 예쁜 장미라는 다른 시점에서 보았다. 처지를 바꿔 생각해보자는 의미가 부여되었다. 상대의 처지에서 생각해야겠다는 교훈이 생긴다. 의미와 교훈을 담아 진심으로 사과했다. 상대는 감동한다. 깨달음을 얻은 나는 인격적으로 더 성숙한다.

나는 지극히 평범한 사람이다. 그래서 이런 특별한 일화가 없다. 이것은 핑계일 뿐이다. 아침에 일어나 밥을 먹고 운전해서 출근했다. 오늘도 어김없이 똑같이 출근했다. 퇴근해서 집에 가면 애들이랑 놀아야겠다. 이처럼 평범한 일화를 얘기하면서도 가능하다.

저는 아주 평범하게 살고 있지만, 밥을 차려주는 아내가 있다는 것이, 출근할 직장이 있다는 것이, 기다려주는 가족이 있다는 것이 얼마나 큰 행복인가를 깨달았습니다. 일상의 소중함에 감사하고 더 행복하기 위해 노력하겠습니다.

이렇게 하면 지극히 평범한 일화에 일상에 대한 감사라는 의미가 부여된다. '주어진 것에 감사하며 열심히 노력하자' 라는 교훈이 부여된다. 이처럼 일화, 사례, 에피소드는 상대를 감동시키는 아주 강력한 무기가 된다.

이런 내용으로 강의를 하면 때때로 반문하는 청중이 있다.

'저런 의미와 교훈을 찾을 줄 아는 것이 진짜 능력 아닙니까? 강사님은 저런 것을 잘 하지만 저희는 잘못하잖아요?' 맞는 말이다. 이 세상 모든 것은 아는 만큼 보인다. 그냥 얻어지는 것은 없다. 내가 관심을 두고 보아야 마침내 보인다.

필자는 아들이 둘 있다. 아내가 첫아이를 임신했을 때 신기한 경험을 했다. 길을 가도, 버스를 타도, TV를 보아도 임산부가 그렇게 많이 보이는 것이다. 아들이 다 커버린 지금은 아무리 찾아보아도 임산부가 안 보인다.

몇 년 전에 장모님이 갑작스럽게 치매에 걸렸다. 그러자 공익광고, 보험 광고, 건강 강좌, 길거리 현수막 등에 치매, 요양병원, 간병인, 주간보호센터 같은 것만 보였다. 내가 관심을 두고 있으면 그게 먼저 보인다. 다른 것을 보아도 그것과 연관되게 보인다.

말을 잘하고 싶거든 말의 소재를 만들기 위해 관심을 두고 보면 된다. 말의 소재로 만들겠다는 관심이 없으면 일상의 어떤 것에서도 의미와 교훈을 찾을 수 없다. 내가 관심을 두고 보아야 그제야 보이는 것이다. 내 눈에 보여야 마침내 내 것으로 만들 수 있다.

말할 때 종종 명언이나 유명 인사의 사례를 인용하는 사람도 있다. 이때도 무작정 인용할 게 아니라 자기 느낌대로 재탄생시켜야 한다. 그대로 인용만 하면 복사하기에 그친다. 심지어 잘난 척으로 보이기도 한다.

내가 근무하는 전남 영암군에는 구림마을이라는 곳이 있다. 그곳에 가면 이순신 장군 어록비가 있다. 비에는 이렇게 새겨 있다. 약무호남 시무국가若無湖南, 是無國家. '만약 호남이 없다면 이 나라가 없다'는 뜻으로, 이순신 장군이 호남을 반드시 지켜야 한다는 의지를 나타낸 말이다.

회사 회식 자리다.

"어이 김 과장! 약무호남 시무국가라는 말 알아?"

이러면서 높은 분이 명언을 해석해준다. 김 과장은 이럴 것이다.

"오, 좋은 말씀입니다. 역시 전무님은 상식이 풍부하십니다."

도취하지 말지어다. 권력에 의한 억지 맞장구일 뿐이다. 속마음은 어떨까?

'술자리에서 웬 설교? 아이고 잘났네. 그래서 어쩌라고?'

명언을 인용할 때도 그 상황에 맞게 재해석해야 한다. 같은 회식 자리라도 설교가 아닌 건배사에 활용한다면?

건배 제의하겠습니다.

'약무호남 시무국가' 라는 말이 있습니다. 이순신 장군께서 '호남이 없다면 이 나라가 없다' 는 뜻으로 하신 말씀입니다. 저는 조금 달리 해석해보겠습니다. 우리 총무과는 우리 회사 삼송건설 전반에 걸쳐 가장 핵심적인 일을 하고 있습니다. 우리 총무과가 있기에 삼송이 있다고 생각합니다. 총무과 직원으로서 자긍심을 갖고 일해주시기 바랍니다.

제가 '약무총무' 하면 '시무삼송' 으로 화답해주십시오.

약무총무~~ 시무삼송~~

'총무과를 위하여!', '일등 총무과!' 같은 건배사보다 백배 멋지지 않은가.

건배 제의하겠습니다.

어제 아이들과 영화 〈어벤저스 엔드게임〉을 봤습니다. 캡틴 아메리카가 마지막 전투에서 모든 히어로들을 부르던 "어벤저스 어셈블" 이라는 대사가 기억에 남았습니다. 동문회 회장으로서 저는 우리 회원 모두를 사랑합니다. 모든 회원이 열정을 갖고 참여하여 열심히 해주서 감사합니다. 우리 동문회는 앞으로도 영원히 승승장구할 것입니다. 그런 의미에서 제가 "ㅇㅇ동문회!" 하면 여러분은 "어셈블!" 하고 외쳐주십시오.

ㅇㅇ 동문회~~ 어셈블~~

지금까지 우리는 'ㅇㅇ동문회는 하나다!', 'ㅇㅇ동문회여 영원하라!' 같은 건배사에 익숙해 있다. 고리타분하다. 의미도 없다. 교훈도 없다. 높으신 분이나 선배의 강압만 있을 뿐이다.

신궁이라 불린 양궁의 김수녕 선수가 이런 말을 했다.

"진정한 프로는 닥쳤을 때 준비하지 않는다. 평소 연습과 훈련으로 '이미' 준비된 자가 진짜 프로다."

건배사나 인사말 또는 강연에 적절하게 써먹을 명언이나 명대사는 많고도 많다. 찾아내 내 것으로 바꿔서 사용하지 못할 뿐이다. 말해야 할 상황에 닥쳤을 때에서야 준비하려면 늦다. 평소 연습과 훈련으로 말하기에 대한 준비가 '이미' 완료되어야 말하기의 프로다.

02

•

깨치고 나아가 끝내
이기리라 _⟨상록수⟩

• 사고의 틀을 깨치는 어휘력

"화술은 절대로 한순간에 좋아지지 않는다. 사소하게 보이는 것부터 차근차근 극복하며 연습해야 한다. 누군가 어떤 운동을 시작했다. 운동 실력이 일정한 기울기로 꾸준하게 발전하길 희망한다. 그러나 현실은 그렇지 않다. 일정 수준에서 발전하지 못하고 정체하다가 한순간 비약적인 발전을 이룬다."

"원숭이 엉덩이는 빨개, 빨가면 사과, 사과는 맛있어, 맛있으면 바나나, 바나나는 길어, 긴 것은 기차, 기차는 빨라, 빠른 것은 비행기, 비행기는 높아, 높은 것은 백두산……."

말의 연결을 일깨워주는 우리 전래 동요의 노랫말이다.

앞에서 일화와 에피소드를 활용하는 법을 배웠다. 그냥 지나치는 일상에서 의미를 찾고 교훈을 얻을 수 있다고 했다. 그러나 이것은 순간 번개처럼 스치는 깨달음이 있어야 한다. 이런 능력을 쉽게 얻을 수 있다면 얼마나 좋을까? 아쉽게도 현실에서는 그렇지 않다. 촌철살인의 풍자나 위트 넘치는 유머가 쉽게 나오는가?

앞서 배운 PREP, 연결어, 직유법, 단어 조합 등을 평소에 자주 연습해야 내 것이 된다. 익숙하게 활용하기 위해서는 수많은 연습이 필요하다. 직유법을 염두에 두고 '~처럼'을 생각해도 어떤 낱말을 사용해서 무엇과 비교할지 순간적으로 떠오르기는 쉽지 않다. PREP을 활용하여 '예를 들어'로 말을 이어갔는데 그 사례가 얼른 떠오르지 않는다면 막히게 된다. 막히지 않고 자연스럽게 구사하려면 얼마나 많은 연습이 필요할까?

어린아이는 새로운 것을 알게 되면 희열을 느낀다. 아이들은 어떤 낱말을 새로 배우면 그것을 어떻게든 사용해보려 노력한다. 새로운 것은 신기한 것이다. 그것을 알게 되면 주체할 수 없이 기쁘다. 내가 안다는 것을 자랑하고 싶다. 엄마 아빠에게 재잘거리면서 말한다. 새로운 것은 신기한 것, 알고 싶은 것, 좋은 것, 기쁜 것, 갖고 싶은 것이다.

이런 현상은 나이가 들어갈수록 쇠퇴한다. 나이를 먹을수록 새로운 것은 익숙하지 않은 것, 알고 싶지 않은 것, 나쁜 것, 불편한 것, 두려운 것, 피하고 싶은 것이 된다.

사람이 나이 먹었다는 증거 가운데 하나는 전자제품 사용법이 어려워지는 것이다. 젊었을 때는 새 제품을 사면 매뉴얼도 보고 연구하며 이리저리 조작해본다. 나이가 들수록 기본 기능만 사용한다. 심지어 그마저도 '이거 어떻게 하는 거냐' 고 묻는다. '뭐가 이리 복잡해' 라며 투덜거린다. 익숙하지 않은 것이 불편하고 두려워진 것이다.

내 나이가 몇인데 이런 걸 배워, 내가 이걸 배워서 어디다 쓸 건데, 이제는 좀 쉬어야 하는 나이인데, 시간도 없고, 바쁘고, 귀찮아. 자기 합리화로 회피한다.

세상을 살다 보면 하고 싶은 일이 있고, 하고 싶지 않은 일이 있다. 두 가지를 구분하는 것은 간단하다. 하고 싶은 일은 '방법' 을 찾고, 하고 싶지 않은 일은 '핑계' 를 찾는다. '시간도 없고 바쁜데 언제 스피치 연습을 해?' 는 핑계를 찾는 것이다. '시간도 없고 바쁘니까 출퇴근하는 차에서라도 틈틈이 연습해야겠다' 는 방법을 찾는 것이다. '점심을 빨리 먹고 하루 30분은 꼭 연습해야겠다' 는 대안을 찾는 것이다. '바쁘니까 못해' 하는 것은 진짜 못 하는 게 아니다. 안 하고 싶으니까 그 이유를 찾아서 자기에게 주는 위안에 불과하다.

"시간이 되면 스피치 연습해볼게"라고 하면 화술은 평생 제자리다. 시간 되면 연습하는 게 아니라, 없는 시간을 쪼개서 연습해야 진짜 연습이다. 엄마가 다그쳐서 공부하는 학생은 얼마 못 가 실력이 드러난다. 시켜서 하는 공부는 진짜 공부가 아니다. 공부 잘하는 학생의 공통점은 자기 주도형 학습을 한다는 점이다.

사람들은 현재 성립된 행동과 생각을 특별한 이득이 없는 한 바꾸려 하지 않는다. 이것을 '현상 유지 편향'이라고 한다. 내 생각을 바꾼다는 것은 지금까지 해왔던 자기 생각이 잘못되었다는 것을 인지한다는 것이다. 잘못되지 않았는데 바꿀 이유가 없잖는가. 최소한 '이 생각보다 저 생각이 더 좋겠다'는 인정을 해야 가능하다. 행동이 바뀌는 것은 생각이 바뀌어야 가능하다.

선배: 자네 꼰대와 선배의 차이점이 뭔지 알아?
후배: 뭡니까?
선배: 물어보는 것에 대해 친절히 말해주면 선배이고,
      물어보지 않았는데도 말하면 꼰대야.
후배: 저 안 물어봤는데요.

상대방은 알고 싶지 않지만, 내가 말하고 싶으니까 막 떠들어댄다. 상대의 의중과 관계없이 내가 하고 싶은 말만 한다. 내 생각을 상대에게 강요하는 것이다. 했던 말 또 하고 같은 소리 2절, 3절 한다. 이것을 다른 말로 '독선' 또는 '갑질' 이라고 한다.

꼰대는 자기 생각과 행동을 바꾸지 않는다. 내 생각이 잘못됐다는 것은 인정할 수 없는 수치로 여긴다. 좋은 리더일수록 상대의 생각과 의견을 듣고 필요하다면 내 생각을 바꾼다. 나쁜 리더일수록 자기 생각, 자기 고집대로만 한다. 하던 대로 답습하며 그대로만 하려 한다.

말도 그렇다. 내 생각대로만 말한다. 하던 대로 답습하며 습관처럼 그대로 말한다. 전지적 시점에서 바라보며 생각하지 못한다. 철저하게 자기 중심의 시점에서만 바라본다. 지금까지 그렇게 해왔으니까. 그게 익숙하니까. 익숙해서 편하니까. 사고의 범위가 편협하다. 새롭게 말하지 못한다. 했던 말 또 한다. 내가 자주 사용하던 단어 위주로만 사용한다.

배船가 닻anchor을 내리면 배는 닻과 배를 연결한 밧줄의 범위 내에서만 움직인다. 사람들도 머릿속에 특정 기준이 세워지면 판단이 그 범위 내로 제한된다. 이것을 '앵커링 효과' 라고 한다. '나는 말을 잘하지 못해' 라는 생각에 휩싸이면 계속 거기에 머물게 된다. 자신이 말할 수 있는 범위와 기준을 정하면 자기 말과 어휘력은 배를 연결한 밧줄처럼 딱 그 범위 내에서만 움직인다.

앞에서 소소한 일상에 의미를 부여하고 교훈을 담는 연습을 했다. 사고가 좁거나 시점이 편향되면 새로운 의미를 찾지 못한다. 사례나 일화를 보아도 의미를 부여하기가 어렵다. 의미를 부여하지 못하는 말을 하게 되니 교훈과 감동이 생길 수 없다.

본격적으로 뇌 운동을 해보자

지금 메모지를 꺼내서 필기 준비를 한다. '죽음'을 표현하는 단어를 적어보자. 다음 문장에서 나오는 예시를 보지 말고 내가 얼마나 적을 수 있는지 한번 해보자. 당신 스스로 적어본 이후에 책을 마저 읽어보자.

'사망, 별세, 서거, 타계, 운명, 하늘나라, 임종' 등이 있다. 종교에 따라 '선종, 입적, 소천, 열반'도 있다. 신분에 따라 '승하, 붕어, 홍서'도 있다. 직업이나 상황에 따라 '순국, 순교, 순직, 전몰, 전사'도 있다. 나이에 따라 '요절, 절명'이라고도 한다. 그 외 '졸卒, 폐, 산화, 유고' 등도 있다. 필자는 1~2분 남짓한 시간에 25개를 적었다. 당신은 몇 개나 적었는지 확인해보자.

'죽음' 이라는 명사가 아닌 동사 '죽었다' 로 생각하면 더 많은 표현이 나온다. 비속어까지 포함하면 다 적기가 어려울 정도로 많다. 나는 예시된 25개 중 몇 개의 범위에서 사용할 수 있는가를 생각해보자.

평소에 연습해볼 수 있다. 빈 종이에 어떤 단어를 적어보자. 그 단어를 대체할 수 있는 단어를 계속해서 적어보자. 20개 이상을 막힘없이 적을 수 있다면 수준급 국어 실력이다.

한 번 더 연습해보자. '말하다' 를 대체할 수 있는 단어를 적어보자. 얘기하다, 대화하다, 언급하다, 표명하다, 피력하다, 강조하다, 설명하다. 토로하다, 설득하다, 공감하다, 주장하다, 뜻을 같이했다, 권유하다, 호소하다, 합의하다, 수다 떨다, 떠들다…《강원국의 글쓰기》에서 인용.

일정한 범위에서 쓸 수 있는 낱말의 숫자를 '어휘' 라고 한다. 어휘를 풍부하게 구사하는 능력이 어휘력이다. 어른이 될수록 어휘력은 퇴보한다. 새로운 것을 배우지 않기 때문이 아니다. 그 낱말을 모르는 것이 아니다. 알고 있지만 주로 쓰는 낱말만 쓰기 때문이다.

죽음을 나타내는 25개 낱말 중에 모르는 말이 있는가? 알지만 사용하지 않는 것이 훨씬 많다. 어떤 이의 죽음을 애도하는 말을 할 때 어휘력이 풍부한 사람이라면 상황에 따라 가장 적절한 낱말을 사용할 수 있다. 어휘력이 부족하면 몇 개의 낱말로 돌려막기를 해야 한다.

종이에 아무 단어나 적으면서 연습해보자. 엄마, 친구, 음식, 아무거나 상관없다. 적어서 연습하기 힘든 상황이라면 머릿속으로 떠올려보자. 소파에 앉아서 TV를 시청하면서 머릿속으로 '집'을 나타내는 단어를 떠올려보자. 어휘력이 늘어날수록 내가 표현할 수 있는 낱말이 많아진다. 그만큼 말이 풍부해진다. 비슷한 의미지만 그 상황에 가장 알맞은 것을 사용할 수 있다. 그래야 말을 잘하게 된다.

다음 단계의 뇌 운동을 해보자

어휘력을 늘리는 다른 방법도 있다. 지금 종이에 '꿈夢'을 적어보자. 꿈을 나타내는 단어는 '바람, 희망, 상상' 등이 있다. 여기서는 비슷한 말이 아닌 연상되는 단어를 적어보자. 이것은 개인마다 차이가 있으므로 정답은 없다.

'목표, 희망, 노력, 건강, 돈, 아들, 딸, 공부, 운동, 악몽, 불행, 대학, 음악, 상상' 등 끝없이 나올 수 있다. 끝없이 꼬리에 꼬리를 물고 적어나갈 수 있다. 때로는 상황에 따라 반대 개념의 단어들이 나올 수도 있다. 연상되는 단어를 찾는 것이므로 관계없다. 꿈에 대해 생각하다 보니 '악몽'이나 '불행'이라는 단어도 연상이 된다. 반대의 개념까지 끌어낸다면 전지적 시점에 가까워질 수 있다. 새로운 시각에서 본다는 증거다.

두 번째 방법도 평소에 쉽게 실천할 수 있다. 교통사고 뉴스를 보면서 교통사고에서 연상되는 단어를 꼬리를 물고 생각해보는 것이다.

신호등, 과속, 안전띠, 중앙선, 과실 비율, 타이어, 스키드 마크, 보행자, 블랙박스, 경찰, 보험, 생명, 구급차, 병원, 중환자….

생각이 다양하고 관점이 넓어져야 어휘가 풍부해진다.

앞에서 배웠던 '주어진 단어로 문장 만들기'를 업그레이드하여 연습해보자. '꿈'으로 연상되는 단어 중 몇 개를 골라서 문장을 만들어보자. [꿈, 돈, 운동, 불행, 음악, 상상]을 골랐다.

제 꿈은 돈을 많이 버는 것입니다. 그렇지만 건강을 위해 운동도 열심히 해야 하겠죠? 돈만 많이 벌어도 건강을 잃는다면 매우 불행한 삶이기 때문입니다. 노년에는 음악을 즐기는 상상도 해봅니다.

무작위로 주어진 단어로 문장 만들기보다 훨씬 수월하게 만들 수 있다. 또한 자연스럽게 스토리텔링이 가능하다. '단어를 연상하는 것 자체가 스토리텔링의 기본' 이기 때문이다.

이번에는 사고의 틀에서 벗어나는 연습을 해보자

'비싸다' 의 반대말은 무엇일까? '싸다' 또는 '저렴하다' 가 답이라고 생각하면 일반적인 사고의 틀에 갇힌 것이다. 조금 더 고민하며 생각해보자. '비싸요' 의 반대말은 '안 사요' I don`t buy it라고 생각할 수 있다. '빨리빨리' 의 반대말은 '천천히' 나 '느릿느릿' 이 아니라 '미리미리' 다. '성공' 의 반대말은 '실패' 가 아니라 '도전하지 않는 것' 이라고 떠올려야 한다.

평범한 사람은 특별한 것에 관심을 두고, 특별한 사람은 평범한 것에 관심을 둔다. 춘천에 가면 유명한 관광지 남이섬이 있다. 매년 300만 명의 관광객이 '나미나라 공화국' 을 찾는다. 이런 남이섬을 만든 것은 강우현 대표다. 서울시에서 처리에 골머리를 앓는 쓰레기였던 은행잎 낙엽을 남이섬의 명물로 만들었다. 쓰레기를 '쓸 애기' 로 생각했기 때문이다. 행락객이 버리고 간 참이슬 소주병을 모아 '이슬 정원' 으로 탈바꿈시켰다. 남들이 다들 '못 쓰는 물건' 이라 하는 것에서 '못' 자를 빼고 나니 '쓰는 물건' 이 되었다. Impossible을 I'm possible로 읽고 실천했다.

평범한 사람은 특별한 말을 평범하게 만들고, 특별한 사람은 평범한 말을 특별하게 만든다. 하수는 단순한 말을 복잡하게 하고, 고수는 복잡한 말을 단순하게 한다.

평범한 것을 단순화시켜 특별하게 만드는 것. 이것이 자기 분야에서 명인, 고수, 프로, 달인이라 불리는 사람들에서 공통으로 보이는 '진짜 능력'이다.

어휘는 말을 하기 위한 기본 재료다. 재료가 많으면 다양한 맛을 만들 수 있다. 말하기에 어려움을 느끼는 이는 가진 재료 자체가 적다. 적은 재료를 가지고 맛있는 요리를 만들려고 하니 어려운 것이다. 가진 재료가 많아야 맛있는 요리를 만들 확률이 높다. 다만 많은 재료를 몽땅 다 넣을 필요는 없다. 그중에서 꼭 필요한 재료를 선택하는 것이다. 이것저것 몽땅 다 넣으면 이것도 저것도 아닌 잡탕이 된다.

말은 말하는 이의 생각, 사상, 신념의 표출이다. 꼰대의 생각에서 기발하고 참신한 말이 나올 수 없다. 상대의 생각과 의견은 무시하며, 내가 알고 있는 것이 최고이기 때문에 그 우물에서 벗어나지 못하는 말만 하게 된다.

화술은 절대로 한순간에 좋아지지 않는다. 사소하게 보이는 것부터 차근차근 극복하며 연습해야 한다. 누군가 어떤 운동을 시작했다. 운동 실력이 일정한 기울기로 꾸준하게 발전하길 희망한다. 그러나 현실은 그렇지 않다. 일정 수준에서 발전하지 못하고 정체하다가 한순간 비약적인 발전을 이룬다. 이것을 '계단식 성장' 이라고 한다.

아무리 노력해도 실력이 향상되지 않고 그 수준만 유지하는 구간을 정체기라고 한다. 이 정체기를 다른 표현으로 '슬럼프' 라고 한다. 노력하고 또 노력해도 막힌다. 거기서 주저앉으면 내 실력은 딱 거기에서 멈춘다. 도전하다 보면 벽이 생긴다. '내 능력이 여기까지인가?' 라는 회의감이 생긴다. 하수는 벽 앞에서 주저앉는다. 하지만 고수는 벽을 뛰어넘거나 벽을 뚫고 지나간다.

포기하지 않고 끝까지 해야 수직으로 급격하게 발전한다. 계단식 성장은 그렇게 이루어진다. 한 단계 한 단계 뛰어넘을수록 클래스와 레벨이 달라짐을 느낄 수 있다.

공식적인 말하기인사말, 자기소개, 연설, 보고, 지시, 사회 보기, 회의 진행 등에서 말실수는 돌이킬 수 없다. 그러므로 평소에 연습해야 한다.

우리는 하루에도 얼마나 많은 말을 일상으로 하면서 지내는가. 일상의 말하기의사소통, 수다 떨기, 통화, 식사 중 대화 등에 두려움을 느끼는 사람은 거의 없다.

여자의 일상 말하기 능력은 남자와 비교되지 않을 만큼 차이를 보인다. 똑같은 말인데 친구와 커피숍에서 할 때는 술술 나오는데, 연단에서 사례 발표를 하면 얼음이 되어버린다.

공식적인 말하기는 일상의 말하기에 비해 어렵고 힘들다. 공식적인 말하기에서 실수는 치명적이다. 일상의 말하기에서는 실수해도 애교로 넘어갈 수 있다. 하루에 수없이 마주치는 일상의 말하기에서부터 조금씩 실천하는 연습을 해야 한다.

내가 가장 싫어하는 말이 있다.

"저는 '원래' 말을 잘못해요."

원래는 없다. 원래부터 못 하는 것이 아니다. 그저 안 하려는 것이다. 못하니까 안 하는 게 아니라, 안 하니까 못 하는 거다.

나는 재능도, 자질도, 소질도, 능력도 없다. 내가 가진 것은 딱 두 가지뿐이다. 끈기와 노력.

나의 인생아 찬란한 우리의
미래를 위해 _〈Bravo my Life〉

• 권력의 말, 권위적인 말, 권위의 말

"사람의 품격은 성격, 권력, 위치, 인성, 재력 등 여러 가지에서 나타난다. 나이 마흔이 넘으면 자기 얼굴에 대한 책임을 져야 한다. 얼굴은 그 사람의 성격, 살아온 길, 가치관, 세상을 대하는 태도를 보여준다. 이 가운데 가장 쉽게 그 사람을 알 수 있는 것은 그 사람의 입에서 나오는 말이다. 같은 이야기라 할지라도 다양한 근거와 배경 지식을 버무리면 그 사람만의 지혜가 된다. 이것이 진짜 권위다."

"세상에는 말이 칼이 된다는 것을, 그 칼이 자신을 향한다는 것을 잊은 사람이 많다. 말이란 나다움을 드러내는 도구이자 존중받기 위한 가장 어른다운 무기이다. 즉, 나이 들어갈수록 그에 걸맞은 말을 끊임없이 고민하고 배워야 한다."

《대통령의 글쓰기》의 저자 강원국이 《어른답게 말합니다》에서 한 말이다.

강원국은 마음心이 사람을 향하면 공감, 사물을 향하면 호기심, 사건을 향하면 문제의식, 미래를 향하면 통찰, 나를 향하면 성찰이라고 했다. 말과 글은 사람을 대상으로 삼기 때문에 공감이 가장 중요하다고 강조했다.

뉴스에서 큰 사고를 보았을 때 나도 같이 안타까워한다. 그 피해자의 처지에서 공감하기 때문이다. 맹자는 이를 '측은지심'이라고 하며 인간의 본능이라고 했다. 그런데 이 본능은 나이 들어감에 따라 점점 쇠퇴한다. 특히나 권력을 가질수록 공감 능력은 퇴화한다.

"권력을 차지한 사람은 남녀 불문하고 테스토스테론이라는 남성 호르몬 수치가 현저하게 올라간다. 권력의 맛을 알아버린 뇌는 도파민이 증가해 마약 중독과 같은 현상을 보이며 점점 더 큰 권력을 탐하게 된다."

인지신경과학자 이안 로버트슨이 쓴《승자의 뇌》에 나오는 말이다.

좋아하는 게임을 할 때 기쁘고 쾌감을 느끼는 것은 도파민이 분비되기 때문이다. 게임을 오랫동안 지속하면 많은 양의 도파민이 분비된다. 우리 몸은 다량의 도파민에 적응하게 되고 더 많은 쾌감을 요구한다. 이것이 게임중독이다. 마약 중독도 마찬가지다.

7장 소울 스톤 - 영혼을 끌어모아 말을 완성시키다

이안 로버트슨은 권력 중독을 말했다.

내가 어떤 말을 상대방에게 했다. 이때 냉정하게 생각할 것이 있다. 상대는 순수한 마음으로 내 말을 잘 듣는가? 아니면 나의 권력과 지위에 억눌려서 듣 '척' 하는가? 우월적 지위에 있는 사람이 아주 흔하게 빠지는 착각이 있다.

'내 직원후배들은 내 말에 경청하고 호응을 아주 잘 해줘. 역시 나는 말을 참 잘해.'

우월적 지위에 있는 사람이 시답잖은 농담을 건넨다. 주변 사람들이 '아이고 어쩌면 그렇게 말씀을 재밌게 잘 하세요' 하면서 박장대소하며 웃는다. 농담이 진짜 재미있어서 웃는 걸까? 그 사람이 가진 자리의 권력 때문에 마지못해 웃어준 걸까?

우리 사회는 나이, 계급, 연차, 직급, 지위 등에 의한 수직적 구조가 대부분이다. 최근 IT 업계를 중심으로 수직적 구조가 아닌 수평적 직장 문화가 퍼지고 있다. 일반적으로 젊은 조직에서는 수평적 문화가, 오래된 조직일수록 수직적인 문화가 많다. 취준생들이 선호하는 문화는 수평적 구조. 수직적 조직일수록 경직되어 눈치 보며 생활한다. 젊은 세대가 가장 싫어하는 분위기다.

앞서 스피치는 공감이 가장 중요하다고 강조했다. 내 말로써 상대를 공감시키려면 매우 중요한 전제가 있다. 말의 권력 구조를 깨야 한다. 말 또한 수직적 구조와 수평적 구조가 있다. 오랫동안 내려오는 수직적인 조직 문화를 한순간에 바꾸기는 매우 어렵다. 그러나 내가 하는 말을 수직에서 수평으로 바꾸는 건 훨씬 더 수월하다.

'관리자, 리더, 상관, 선배, 꼰대 가운데 당신은 무엇으로 불리고 싶으냐'고 물으면 대부분 리더를 꼽을 것이다. 누구나 리더가 되고 싶어한다. 그러나 리더보다는 상관, 관리자, 심지어 꼰대로 불린다. 상관과 리더의 차이는 무엇일까? 사람 좋으면 리더, 성격 나쁘면 상관인가?

상관과 리더의 차이는 말의 품격에서 나온다. "이거 언제까지 어떻게 할 거야?"라고 물으면 상관이다. "이건 작년 사례를 참고하면 더 좋을 것 같은데"라고 하면 리더다.

강원국 작가는 두려움을 느끼게 하면 상관이요, 의욕이 샘솟게 하면 리더라고 했다. 회식 자리에서 그 사람의 옆자리에 앉고 싶으면 리더요, 저 멀리 떨어진 곳에 앉고 싶으면 상관이다. 계급과 직책 지위를 무시하라는 것이 아니다. 말의 권력 구조를 깨라는 것이다.

권력이란 그 지위에 부여된 힘이다. 권력은 상급자가 스스로 만들어낼 수 있다. 그러나 권위는 상급자 스스로 만들 수 없다. 하급자가 스스로 존경하고 우러러보는 것이 권위다. 권력은 내가 만들지만, 권위는 나를 따르는 사람이 만들어주는 것이다.

권력을 가진 자가 본인의 권력을 이용해 본인 스스로 권위를 만들려고 애쓴다. 리더가 되지 못하고 상관이 되는 것이다. 권력을 배경으로 무섭게 몰아붙이듯 말해서는 권위가 서지 않는다.

품격 있고 소통하는 말은 감동하고 존경심이 생긴다. 그리고 감동과 함께 권위가 생긴다. 상관이 아니라 리더가 되고 싶으면 말부터 바꿔야 한다.

"만약 당신이 누군가의 인격을 실험해보고 싶다면 그에게 권력을 줘봐라."

링컨이 남긴 말이다.

사람의 품격은 성격, 권력, 위치, 인성, 재력 등 여러 가지에서 나타난다. 나이 마흔이 넘으면 자기 얼굴에 책임을 져야 한다. 얼굴은 그 사람의 성격, 살아온 길, 가치관, 세상을 대하는 태도를 보여준다. 이 가운데 가장 쉽게 그 사람을 알 수 있는 것은 그 사람의 입에서 나오는 말이다. 같은 이야기라 할지라도 다양한 근거와 배경 지식을 버무리면 그 사람만의 지혜가 된다. 이것이 진짜 권위다.

고대 철학자 키케로는 이런 말을 남겼다.

"당신 입에서 나오는 말의 무게를 저울로 달아보라."

직원 여러분께 정중하게 한 가지 부탁드리겠습니다. 요즘 보고서가 자꾸 늦게 들어옵니다. 내 권위가 아주 땅에 떨어졌어요. ○○(계급 명칭)인 나를 여러분이 X만들기 참 쉽습니다. 제때 보고 안 하고 관련 자료 안 주면 되는 거에요. 그러면 어떻게 될까요? 나도 여러분을 X같이 대할 겁니다. 여러분이 열심히 하느냐 안 하느냐에 따라서 천국을 맛볼 수도 지옥을 맛볼 수도 있습니다. 여러분이 선택하세요. 나도 천사 같은 ○○이란 말 들으면서 일하고 싶습니다.

이 사람은 상관인가? 리더인가? 본인은 좋은 리더라고 착각하며 부하직원에게 '정중하게 부탁' 하며 이렇게 말한 것이다.

옥죄고 겁박하여 따르게 하면 본인의 권위가 살아난다고 생각한다. 권위가 아닌 권위적이라는 평가만 남는다. '권위' 는 리더의 것이요, '권위적' 은 상관의 것이다.

지인이 겪은 일화다. 상당히 높은 분을 차로 모실 기회가 있었다. 주유를 위해 주유소에 들러"오만 원이요!"를 외치며 주유를 부탁했다. 주유원은 외국인이었다. 한 번에 알아듣지 못한 주유원이 서투른 한국말로"뭐라고요?" 되물었다. 그 순간 뒷좌석의 높은 분이 갑자기 "이 멍청한 새끼야! 오만 원이라고, 오만 원!" 하며 소리를 버럭 질렀다. 어색함을 감추려고 손가락 다섯 개를 펴서 알려주고 주유를 했다. 한국말이 서툴지만, 그 주유원도 본인에게 함부로 말한다는 것을 알았을 것이다.

주유를 마치고 주행 중에 또 한 번 실망했다. "저렇게 말귀를 못알아먹는 멍청한 놈은 한번 가르칠 때 제대로 가르쳐야 해!" 이러면서 씩씩거렸기 때문이다.

말은 그 사람의 품격을 보여준다. 그분은 사회적으로 성공했을지 모르지만, 인격은 영 아니었다. 본인 입으로 '나는 수준 이하'라고 증명한 것이다.

말은 말다운 말로써 말답게 해야 말이다. 말에 권력을 더한다고해서 권위가 생기는 것이 아니다. 말에 권력과 힘을 싣게 되면 칼이 되어 상대를 찌른다. 권력은 권력답게 사용해야 한다. 어쭙잖은 권력의 맛에 취해 말에 권력을 싣게 되면 스스로 고립된다. 말에서 권력을 걸러내야 소통의 왕이 된다.

　물론 위의 사례는 드문 경우일 것이다. 상명하복을 철칙으로 여기는 군대식 조직 문화에 익숙한 사람이었다. 요즘 시대라면 폭언, 비하, 갑질로 바로 신고될 것이다. 시대는 점점 바뀌고 있다. 과거 잘못된 사례를 통해 더 발전되는 모습으로 변해야 한다.

　현재 어떤 조직을 이끌어가는 관리자라면 상관이 아닌 리더가 되도록 노력해야 한다. 또 지금은 관리자가 아니지만, 미래에 리더가 될 사람들도 명심해야 한다. 권력을 가질수록 말은 겸손해야 한다. 현재도 그렇지만 미래에는 군림하는 상관이 아닌 존경받는 리더를 원한다.

　지위가 높아질수록 즉석에서 말할 기회가 많아진다. 사전 조율 없이 "○○님 오셨으니 한 말씀 해주시죠"라며 연단으로 이끈다. 축사나 인사말 또는 기념사 같은 것이다. 임기응변으로 대응해야 하는 순간이다. 이럴 때 슬기롭게 대처하려면 몇 가지를 명심해야 한다.

　첫째, 핵심 단어 서너 개를 머릿속에 그린다.
　둘째, 짧지만 강렬한 느낌을 주도록 말한다.
　셋째, 비교, 대조, 반복, 라임을 활용한다.

링컨의 게티즈버그 연설은 스피치 공부에서 교본처럼 활용된다. '국민의, 국민에 의한, 국민을 위한 정부'로 유명한 연설이다. 이 연설은 낱말 300개를 사용하여 3분 걸렸다. 링컨에 앞서 먼저 연단에 섰던 사람이 있다. 당대 최고의 연설가로 평가받던 에드워드 에버렛이다. 무려 1만3,600개 낱말을 사용하여 1시간 이상 연설했다.

1863년 게티즈버그에서 연설이 있은 지 150여 년이 흘렀다. 앞으로 150년이 더 흘러도 '3분의 연설'이 '1시간의 연설'보다 더 길이 남아 기억될 것이다.

링컨처럼 짧지만 강렬한 느낌을 남겨야 한다.

가장 쉬운 방법이 비교, 대조, 반복, 라임을 활용하는 것이다. 비교는 비슷한 점으로, 대조는 다른 점으로 말하는 것이다. 비슷한 단어를 고르거나 정반대의 단어를 고르면 된다.

'미나리, 개나리, 항아리'처럼 라임을 맞춰 단어를 골라도 좋다. '국민의 국민에 의한 국민을 위한' 또한 마찬가지다. 비교, 대조, 반복, 라임을 활용하면 자연스럽게 대구법이 완성된다.

[비교의 활용]
지식이 많은 사람보다는 지혜로운 사람이 되겠습니다.

수험생과 취준생의 심정으로 열심히 해봅시다.

[대조의 활용]

금메달의 영광보다 노메달의 땀을 더 기억하겠습니다.

직원 간 비평은 하더라도 비판은 하지 맙시다.

[라임의 활용]

스펙보다는 스윗한 분위기에서 일합시다.

뷰티풀! 원더풀! 파워풀! 사람 냄새 풀풀! 화이팅!

[대구법의 활용]

말은 함부로 뱉으면 소인이요 다듬으면 시인이다.

요령만 있는 놈, 요령도 없는 놈

두 가지 이상을 복합적으로 적용해보자.

[대구법과 대조법의 활용]

지옥을 맛보고 싶거든 주변 사람을 죽도록 미워해라.

천국을 맛보고 싶거든 주변 사람을 죽도록 사랑해라.

하고 싶은 일은 방법을 찾고, 하고 싶지 않은 일은 핑계를 찾는다.

[라임과 대구법의 활용]

판단력이 흐려져 결혼하고, 이해력이 부족해 이혼하며, 기억력이 감소해 재혼한다.

긍정적인 말을 하는 사람은 한계가 없고, 부정적인 말을 하는 사람은 한 게 없다.

눈을 감고 꿈꾸면 어제가 보이지만, 눈을 뜨고 꿈꾸면 내일이 보인다.

이처럼 비교, 대조, 반복, 라임을 사용하면 자연스럽게 리듬이 생긴다. 노래나 시조가 기억하기 쉬운 것은 리듬이 있기 때문이다. 짧은 말일수록 이 점을 잘 활용해야 한다. 주야장천 "위하여!"만 외쳐대는 건배사에 활용해도 유용하다. 즉흥 말하기에 앞서 핵심 단어 서너 개를 생각하고 그 단어와 비교, 대조, 반복, 라임을 찾으면 말 만들기가 훨씬 수월하다. 당연하게도 앞에서 배운 풍부한 어휘력이 뒷받침되어야 한다.

CF나 홍보 문구를 보면 이런 기법을 아주 잘 활용한다.

안전에 완전을 더하다. ○○항공.

너 자신을 알라. 너 자산을 알라. ○○자산.

뜯고 씹고 맛보고 즐기고. ○○돌.

묻지도 따지지도 않습니다. ○○보험.

오른손으로 비비고 왼손으로 비비고. ○○면

까글래 뽀글래. ○○미장원

인생은 고기서 고기다. ○○고기집

내가 하는 말이 CF처럼 상대의 뇌리에 강력하게 남도록 할 수 있다.

무심결에 시계를 봤는데 11시 11분, 9시 9분, 10시 10분이면 기억에 남는다. 12시 36분, 3시 57분은 기억에 남지 않는다. 본 레스토프 효과Von Restroff effect다. 기억해야 할 것이 다른 것들과 확연하게 구분되면 주의 집중과 기억이 탁월하다는 것이다. 독특하고 차별화된 것, 신기한 것을 더 확연하게 기억하는 이유이다. 감성적 각성이 집중력을 증폭시켜 외부 정보에 대한 생생함을 높이기 때문이다.

인상적이고 특이한 말은 당연히 상대의 기억에 오랫동안 남게 된다. 스피치 공부를 꾸준히 하면 평범한 '12시 36분' 이 아닌 기

7장 소울 스톤 - 영혼을 끌어모아 말을 완성시키다

억에 남는 '10시 10분'의 말을 할 수 있다. 그래서 말은 짧아야 한다. 아무리 독특하고 차별화되었어도 시간이 많이 소요되면 기억하기 힘들다.

인간이 무언가에 초집중하는 시간이 얼마나 될까? 10분? 5분? 1분?

답은 30초다. 대부분의 TV 광고는 30초 이내에 끝난다. 인터넷 광고나 핸드폰 어플 광고도 마찬가지다. 30초를 넘기지 않는다. 뇌리에 강렬하게 심어두고 그것을 이성적으로 분석하기 전에 여운을 남기고 끝난다.

고객의 지갑을 열기 위해 기업은 사활을 건다. 고객에 대한 철저한 분석의 결과가 30초 이내에 보여주고 빠지는 것이다. 상대의 뇌리에 남는 말을 하려거든 짧아야 한다.

말을 많이 하면 길어진다. 말을 많이 하면 멋있고 좋은 말이 나올 확률이 높아진다. 반대로 말실수를 할 확률 또한 높아진다. 말의 양量으로 질質을 덮어서는 안 된다. 즉흥 연설을 부탁받거든 광고처럼 짧고 강력하게 던지고 빠져야 박수받는다. 짧지만 강력하려면 비교, 대조, 반복, 라임을 잘 활용해야 한다.

권력의 말, 권위적인 말이 아닌 권위의 말을 해야 한다.

대중 연설을 좀 더 잘하려면

대중 연설은 관습화된 삶의 모방이 아니라 삶 그 자체, 삶의 자연스러운 기능
이라는 점에서 연극 공연과 크게 다르다. 이전 연설과 달리 오늘날의 대중 연
설은 몸짓과 암송뿐 아니라 대화, 전달, 피드백의 상호 작용을 포함한다. 그
러니까 연설의 기술적 정확성보다는 청중의 반응과 참여를 더 중요하게 여
긴다. 대중 연설을 좀 더 잘하고 싶다면 다음의 6단계에 따라 연설을 준비할
필요가 있다.

1단계: 목표를 명확하게 설정한다.
2단계: 청중을 면밀하게 분석한다.
3단계: 정보를 수집하고 구성한다.
4단계: 시각 자료를 선택한다.
5단계: 메모를 준비한다.
6단계: 전달을 연습한다.

시인이자 설교자 토마스 쿠퍼의 연설론은 위의 6단계에 충실한 좋은 사례다.
"남에게 감명을 주는 말을 하고자 한다면 끊임없이 연습하라".
가장 효과적인 연습은, 자기 생각을 종이에 써서 반복하여 외우는 것이다. 연
설이란 굳이 원고 없이 자유롭게 말해도 상관없는 것이지만, 나는 연설을 할
때면 언제나 심사숙고하여 초고를 쓰고 다시금 심사숙고하여 그것을 고쳤
다. 처음에는 번거로웠지만, 결국 되는 대로 말하는 사람에 비해 논리성과 표
현이 풍부해지고 힘이 붙었다. 여러분도 이처럼 하면 반드시 조리 있게 자신
을 표현할 수 있다.

빨·주·노·초·파·남·보,
이제 곧 무지개가 뜬다

•

막연한 꿈이었습니다.

죽기 전에 꼭 해보자. 내 마음의 빚이었습니다.

시작해보자.

가장 힘든 시기에 살기 위해 매달렸습니다.

후련합니다.

비로소 마음의 빚에서 벗어날 수 있습니다.

아쉽습니다.

더 공부하고, 더 고민하고, 더 노력하고, 더 부지런하게, 더 많은 자료를 모으고, 더 좋은 낱말을, 더 좋은 글귀를… 더, 더, 더, 뫼비우스의 띠였습니다.

다짐합니다.

다음에는 더, 더, 더 좋은 글로 새롭게 도전해야겠습니다.

빨강. 말 없는 소년 은인을 만나다.

열일곱 살, 열한 살, 일곱 살 터울의 형을 두고 네 번째 아들로 태어났습니다. 엄마가 낳았지만 나를 키운 건 열일곱 살 차이의 큰형이었습니다. 초등학교 5학년 때 엄마 같던 형이 하늘의 별이 되었습니다. 그 이듬해 아버지마저 옆자리의 별이 되었습니다. 그 이듬해에도 시련은 계속되었습니다.

풍비박산이었습니다.

소심하고 왜소한 말 없는 소년은 스스로 왕따 아닌 왕따가 되었습니다. 시험지는 읽지도 않은 채 연필을 굴려 시험을 봅니다. 성적은 의미 없는 숫자였습니다.

중학교 3학년 시절 담임선생님의 제안.

3월 첫 시험에서 평균 77점을 넘으면 1년 동안 숙제도 간섭도 없다. 1년 동안 편하기 위해 연필을 굴리지 않고 공부라는 것을 해봅니다. 목표 점수를 훌쩍 넘어선 93점으로 1년이 편해집니다. 수학 문제를 풀다 동이 트는 희열감은 공부에 재미를 느끼게 했습니다.

주황. 농과대학을 선택하다.

늦게 시작한 공부가 재미있었습니다. 그러나 따라잡기 힘든 부분이 많았습니다. 학원이나 비싼 참고서는 그림의 떡이었습니다. 조금 나아졌을 뿐 아직도 삶은 힘겨웠습니다. 고3, '독사' 로 불리는 담임은 화학을 담당했습니다. 마법 같은 화학의 신비로움에 빠졌습니다.

등록금과 생활비 걱정에 서울 소재 대학은 고려 대상에서 제외했습니다. 재수는 꿈도 꿀 수 없기에 공대에서 농대로 하향했습니다. 농대에서 '농화학' 을 전공하게 됩니다.

처음 행복감을 누렸던 새내기 시절이 쏜살같이 흘러갑니다. 그러던 중 닭에게 치명적인 '뉴캐슬병' 이란 전염병이 발생합니다. 먹고 살기 위해 선택한 우리 집 주업인 양계장은 회복 불가능한 타격을 받습니다. 황금 같은 1년을 보내고 이듬해 1월 8일 가장 추운 날에 자원입대하게 됩니다.

노랑. 예비역이 되어 죽기 살기로 덤비다.

가장 추운 1월 8일에 입대하여 가장 더운 8월 8일에 32개월의 의무를 마치고 예비역이 되었습니다. 전역을 앞두고 복학을 할 것인지, 생업에 뛰어들 것인지 고민하느라 잠을 이루지 못했습니다. 아버지와 큰형의 부재가 너무나 아쉬웠습니다. 정답을 얻지 못해도 넋두리라도 하고 싶었습니다. 인생에서 가장 많은 고민을 했습니다.

우선 한 학기를 다녀보고 결정하기로 결론을 내리고, 제주도 감귤 농장에서 한 학기 등록금과 생활비를 벌었습니다. 다음 학기를 다니려면 등록금과 생활비를 또 벌어야 합니다. 생활비는 최소한으로 해결하고, 등록금은 장학금을 받아야 합니다.

벼랑 끝에 선 상태로 3년을 살았습니다. 죽기 살기로 치열하게 살았습니다. 깜깜한 새벽 도서관에서, 퉁퉁 부어서 쥘 수도 펼 수도 없는 내 오른손을 보았습니다. 깜지를 얼마나 썼는지 그 흔적이 오른손에 고스란히 남은 것입니다. '너도 참 독한 놈이구나' 혼잣말을 하며 쥐어지지 않는 오른손을 채찍질했습니다.

6학기 동안 장학금을 받고, 방학 때 막노동으로 생활비를 벌며 3년을 버텼습니다.

초록. 인생 세 번의 기회 중 한 장을 쓰다.

청년기 제 인생은 온통 if의 연속이었습니다. 우연히 지도사 시험 공고를 보지 못했다면? 취업을 위한 테스트로 지도사 시험을 치르지 않았다면? 그 시험에 합격하지 못했다면? 기업 취업을 위해 공무원 면접을 포기했다면? IMF가 없었다면? 공무원 임용 포기 결정 후에 IMF가 되었다면? 연속된 if 중에서 단 하나라도 어긋났다면?

인생 세 번의 기회 중 한 장을 사용하며 1997년 공직에 발을 딛게 됩니다. 하늘이 도와 취업한 나와 달리 국가 부도 사태에 백수로 내몰린 주변인이 너무 많습니다. '저들에 비하면 나는 얼마나 행복한 사람인가' 하는 위안으로 소소한 일상에 감사하며 만족한 삶을 살아가게 됩니다.

치열하게 살며 고뇌하던 대학 시절을 거쳐 안정적인 공무원이 되었습니다. 결혼하고 아들 둘을 얻고 평범한 아저씨가 되어 살아갑니다.

파랑. 인생 세 번의 기회 중 두 번째 카드를 쓰다.

2014년 어느 날 아침에 일어난 후 심한 어지럼증을 느꼈습니다. 구름을 밟은 듯 허공을 걷는 느낌이었습니다. 온 세상이 롤러코스터를 탄 듯 빙빙 돌았습니다. 병원에서 정밀 검사를 받았습니다. 피로 누적과 스트레스이니 푹 쉬라는 의사의 말을 듣고 퇴원했습니다. 다음 날 진료 부서가 아닌 영상의학과에서 정밀 검사가 필요하다며 재방문을 요청합니다. 뇌혈관이 부풀어 있는 뇌동맥류가 의심되니 대형 병원에서의 재검사를 권유합니다. 다시는 못 볼수도 있는 아이들과 인사를 하고 서울로 갔습니다. 아닐 거라는 확신으로, 오진일 거라는 희망으로, 정밀 검사를 했습니다. 불과 1년 전, 아내가 큰 수술을 했던 그 병원 수술실에 이번엔 제가 들어갔습니다.

살려주세요. 살고 싶습니다. 나는 아직 할 일이 많습니다.

수술 후 회복하며 다짐했습니다. 의미 없이 인생을 허비해서는 안 된다. 꼭 해보고 싶은 일을 하며 살기에도 바쁜 인생이다.

막연히 꿈만 꾸던 강의 공부를 시작했습니다. 2018년 대한민국 명강사 230호가 되었습니다. 입소문이 나면서 관련 강의도 많이 하게 되었습니다. 호흡, 발음, 발성, 한글, 말의 구조, 글쓰기, 스피치 등 꼬리에 꼬리를 물고 파고들었습니다. 두 번째 카드를 사용하며 드디어 볕이 들어왔습니다.

남색. 죽음보다 더한 고통이 기다리다.

2019년 3월 장모님의 갑작스러운 치매 진단으로 우리 가족은 큰 충격에 빠졌습니다. 한 달 뒤 장인어른이 회복 불가의 혈액암 판정을 받고 투병 생활을 시작합니다. 얼마 지나지 않아 5년 전 큰 수술했던 아내의 몸에 이상 증상이 자주 나타납니다. 장인, 장모 두 분의 간호와 수발로 아내의 몸은 점점 나빠집니다. 지금 당장 수술하자는 의사의 권유는 장인, 장모 두 분의 병간호 앞에 후순위로 밀려납니다.

점점 감각이 무뎌가는 아내를 옆에서 지켜보면서 장인 장모 두 분에 대한 원망도 많이 했습니다. 자신의 아픈 몸보다 부모를 먼저 생각하는 아내를 설득하느라 싸우기도 했습니다. 아픈 두 분을 앞에 두고 수술은 차일피일 미뤄지고 있었습니다. 결국, 최악의 상태까지 이른 2020년 7월, 아내는 두 번째 수술대에 올랐습니다.

아무것도 하고 싶지 않았습니다. 아니 아무것도 할 수 없었습니다. 하늘과 땅이 맞닿는 고통이었습니다. 어디서부터 어떻게 헤쳐 나가야 할지 엄두가 나지 않았습니다. 너덜너덜해진 내 영혼은 그 무엇으로도 위로가 되지 않았습니다. 헤매고 헤매다 겨우 찾은 미로의 출구는 출구가 아니라 또 다른 벽이었습니다. 이러다가 폐인이 될 것 같은 두려움이 엄습했습니다.

살기 위해서, 너덜거리는 영혼을 붙잡기 위해, 내 소중한 가정을 지키기 위해, 미치지 않고 제정신으로 살기 위해 발버둥을 쳤습니다.

보라. 나를 선택해준 일이 아닌 내가 선택한 일을 하고 싶다.

비가 그치면 무지개가 나타납니다. 제 인생 억수같이 비가 내렸습니다. 이제 무지개를 기다리겠습니다.

나에게 주어진 세 장의 카드 중 두 장을 사용했습니다. 천운으로 공무원이 되었고, 하늘이 도와 죽지 않고 살았습니다. 이제 남은 한 장의 카드는 어쩔 수 없이 해야만 했던 일이 아닌, 꼭 하고 싶은 일을 죽기 전에 하는 데 사용하겠습니다.

죽음의 문턱에서 돌아온 인생의 첫 번째 고비에서 강의 공부를 시작했습니다. 죽음보다 더한 고통으로 다가온 두 번째 고비에서 그 고통을 극복하려 다시 시작했습니다.

수집, 정리, 작성, 수정, 보완, 삭제, 다시, 다시, 다시……. 가장 마음에 드는 한 단어를 찾기 위한 창작의 고통은 상상 이상의 고뇌와 힘겨움을 주었습니다. 무덤에 가져갈 제 피조물 하나는 그리 호락호락하지 않았습니다.

그러나 정작 저를 더 힘들게 하는 건 따로 있었습니다.

엉뚱한 짓 하지 말고 네 일이나 똑바로 해라.

네가 뭐가 그리 잘났다고 쓸데없는 짓이냐.

쥐꼬리만큼 아는 게 뭐 얼마나 대단하다고 유세냐.

그렇게 강의하고 싶으면 잘라줄 테니 퇴직하고 나가서 네 맘대로 하고 싶은 대로 해라.

쓸데없는 짓이 되지 않으려 더 매달렸습니다. 재능도 자질도 소질도 없는 제가 하려니 처음 생각보다 많은 시간이 흘렀습니다. 제가 가진 건 집념이라는 재능 하나였습니다.

시작하고 실천하지 않았으면 20년이 더 걸렸을 것 같습니다. 한

없이 나약한 줄 알았던 인간은 생각보다 훨씬 강인한 존재였습니다. 안 해서 못했을 뿐, 하다 보니 되더이다. 끈질기게 하다 보니 결국은 되더이다. 어려운 건 마무리가 아니라 시작하는 '첫걸음'이었습니다.

장인어른은 2년 넘는 투병 생활을 하시다가 2021년 추석을 하루 앞두고 별이 되었습니다. 마지막 순간 혼수 상태에서도 "우리 아들이 군청에서 계장 하고 있다"라고 말하던 장인어른 무덤에 자랑스러운 '아들'의 창작물 하나를 바치겠습니다.

그리고 사랑하는 두 아들 정우, 형우는 아빠에게 평생의 자랑임을 말하고 싶습니다.

마지막으로 끝없는 지지와 격려를 보내주며 때로는 나태해지는 저에게 따끔한 충고를 해준 아내 김은영 님.
사는 날까지 영원히 사랑합니다.

당신이 생각한 마음까지도 담아 내겠습니다!!

책은 특별한 사람만이 쓰고 만들어 내는 것이 아닙니다.
원하는 책은 기획에서 원고 작성, 편집은 물론,
표지 디자인까지 전문가의 손길을 거쳐
완벽하게 만들어 드립니다.
마음 가득 책 한 권 만드는 일이 꿈이었다면
그 꿈에 과감히 도전하십시오!

업무에 필요한 성공적인 비즈니스뿐만 아니라 성공적인 사업을 하기 위한
자기계발, 동기부여, 자서전적인 책까지도 함께 기획하여 만들어 드립니다.
함께 길을 만들어 성공적인 삶을 한 걸음 앞당기십시오!

도서출판 모아북스에서는 책 만드는 일에 대한 고민을 해결해 드립니다!

모아북스에서 책을 만들면 아주 좋은 점이란?

1. 전국 서점과 인터넷 서점을 동시에 직거래하기 때문에 책이 출간되자마자 온라인, 오프라인 상에 책이 동시에 배포되며 수십 년 노하우를 지닌 전문적인 영업마케팅 담당자에 의해 판매부수가 늘고 책이 판매되는 만큼의 저자에게 인세를 지급해 드립니다.

2. 책을 만드는 전문 출판사로 한 권의 책을 만들어도 부끄럽지 않게 최선을 다하며 전국 서점에 베스트셀러, 스테디셀러로 꾸준히 자리하는 책이 많은 출판사로 널리 알려져 있으며, 분야별 전문적인 시스템을 갖추고 있기 때문에 원하는 시간에 원하는 책을 한 치의 오차 없이 만들어 드립니다.

기업홍보용 도서, 개인회고록, 자서전, 정치에세이, 경제 · 경영 · 인문 · 건강도서

모아북스 MOABOOKS 문의 0505-627-9784

독서로 말하라

노충덕 지음
240쪽 | 14,000원

독한시간

최보기 지음
248쪽 | 13,800원

놓치기 아까운
젊은 날의 책들

최보기 지음
248쪽 | 13,000원

뚜띠쿠치나에서 인문학을
만나다

이현미 지음
216쪽 | 14,000원

걷다 느끼다 쓰다

이해사 지음
364쪽 | 15,000원

내 글도 책이 될까요?

이해사 지음
320쪽 | 15,000원

베스트셀러
절대로 읽지 마라

김욱 지음
288쪽 | 13,500원

책속의 향기가
운명을 바꾼다

다이애나 홍 지음
257쪽 | 12,000원

살아가면서 한번은
당신에 대해 물어라

이철휘 지음
252쪽 | 14,000원

1등이 아니라 1호가
되라 (양장)

이내화 지음
272쪽 | 15,000원

감사, 감사의 습관이
기적을 만든다

정상교 지음
242쪽 | 13,000원

아바타 수입

김종규 지음
224쪽 | 12,500원

직장생활이 달라졌어요

정정우 지음
256쪽 | 15,000원

4차산업혁명의 패러다임

장성철 지음
248쪽 | 15,000원

리더의 격 (양장)

김종수 지음
244쪽 | 15,000원

숫자에 속지마

황인환 지음
352쪽 | 15,000원

공복과 절식

양우원 지음
267쪽 | 14,000원

내 몸이 아픈 이유는
무엇일까

임청우 지음
272쪽 | 14,000원

프로폴리스 면역혁명

김희성 · 정년기 지음
240쪽 | 14,000원

질병은 치료할 수 있다

구본홍 지음
240쪽 | 12,000원

암에 걸려도 살 수 있다

조기용 지음
247쪽 | 15,000원

암에 걸린 지금이
행복합니다

곽희정 · 이형복 지음
246쪽 | 15,000원

바이러스 대처
매뉴얼(양장)

최용선 · 지영환 지음
416쪽 | 55,000원

노니 건강법

정용준 지음
156쪽 | 12,000원

스피치의 재발견 벗겨봐

초판 1쇄 인쇄 2022년 04월 13일
1쇄 발행 2022년 04월 26일

지은이 김병석
발행인 이용길
발행처 모아북스
     MOABOOKS

관리 양성인
디자인 이룸

출판등록번호 제 10-1857호
등록일자 1999. 11. 15
등록된 곳 경기도 고양시 일산동구 호수로(백석동) 358-25 동문타워 2차 519호
대표 전화 0505-627-9784
팩스 031-902-5236
홈페이지 www.moabooks.com
이메일 moabooks@hanmail.net
ISBN 979-11-5849-171-0   03320